谣言

这些年，我们还在相信的历史

韩明辉 著

浙江大学出版社
ZHEJIANG UNIVERSITY PRESS

图书在版编目(CIP)数据

这些年,我们还在相信的历史谣言 / 韩明辉著. — 杭州:浙江大学出版社,2016.11
  ISBN 978-7-308-16284-5

Ⅰ.①这… Ⅱ.①韩… Ⅲ.①中国历史—通俗读物
Ⅳ.①K209

中国版本图书馆 CIP 数据核字(2016)第 237544 号

这些年,我们还在相信的历史谣言

韩明辉　著

责任编辑	谢　焕	
责任校对	杨利军	
封面设计	项梦怡	
出版发行	浙江大学出版社	
	(杭州天目山路 148 号　邮政编码 310007)	
	(网址:http://www.zjupress.com)	
排　　版	浙江时代出版服务有限公司	
印　　刷	杭州钱江彩色印务有限公司	
开　　本	710mm×1000mm　1/16	
印　　张	13	
字　　数	157 千	
版 印 次	2016 年 11 月第 1 版　2016 年 11 月第 1 次印刷	
书　　号	ISBN 978-7-308-16284-5	
定　　价	38.00 元	

目　　录

先秦篇：

千年误读

尧是禅位，还是被舜夺位？

尧禅位于舜，结束了上古政治中父死子继、兄终弟及的首领世袭制，开创了禅让制的先河，被后世视作明君圣主的典范。然而，关于"禅位"一事在春秋战国时期便遭到质疑。韩非子等人认为，舜的王位并非来自尧的禅让，而是通过武力夺取的。那么，到底孰是孰非呢？

禅位说

关于"禅位说"最详细的记载来自《史记·五帝本纪》。《史记·五帝本纪》中是这么记载的：

尧晚年时，问大臣说："谁可以继承我的事业？"

大臣放齐回答说："您的长子丹朱通达事理，可以继承您的事业！"

尧摇了摇头，说："丹朱个性顽劣凶恶，难堪大任！"

大臣▮（huān）兜接着说："共工广聚民众，功不可没，可以继承您的事业！"

尧又摇了摇头，说："共工心术不正，貌似恭敬，实则傲慢，虽有大才，但不可大用！"

尧见大臣们沉默不语，便问四岳（《史记》认为四岳为四位大臣）说："四岳啊，如今洪水滔天，浩浩荡荡，民众苦不堪言，谁可以替我治理水患呢？"

四岳一致推荐鲧（gǔn）。尧说："鲧违背天命，破坏同族之情，不可重用。"众人认为，不妨一试，实在不行，再将鲧撤职也不晚。于是，尧听从大臣的意见，命鲧治理水患。但鲧花费九年的时间，却毫无成效。

于是，尧再一次问四岳说："我在位将近七十年了，你们谁能顺应天命，继承我的帝位？"

四岳纷纷表示："臣等德行浅薄，不敢玷污帝位！"

尧说："那就从所有的同姓、异姓大臣以及隐居者中推举吧！"

大臣们便向尧推荐舜，并说："民间有一个叫舜的人非常贤明。他的父亲是一个愚昧的盲人，母亲冥顽不化，弟弟傲慢无礼，但舜却可以与他们和睦共处，并且能够尽孝悌之道，把家治理得井井有条，使他们不至于走向邪路！"

尧说："那就试试吧！"随后，尧将自己的女儿娥皇与女英都嫁给了舜，想通过女儿来考察舜的德行。

舜担任司徒期间，在家里，父义，母慈，兄友，弟恭，子孝；参与百官事务时，将国事处理得有条不紊；接待外宾时，远方诸侯都表现得恭恭敬敬。

经过一番考察，尧认为舜是一个合格的继承人，于是便对舜说："三年来，你言出必行，做事一丝不苟，可以继承帝位！我决定把帝位禅让给你！"随后，尧让舜代行天子之政，自己则退居二线并巡视四方。八年后，尧去世，将帝位彻底禅让给了舜。

篡位说

最早记载舜篡位的是春秋时期晋国史官以及战国时期魏国史官合著的一部编年体史书《竹书纪年》。《竹书纪年》中曾提到：

昔尧德衰，为舜所囚也。

舜囚尧于平阳，取之王位。

舜放尧于平阳。

舜囚尧，复偃塞丹朱，使不与父相见也。

此外，出生在战国时期的韩非子在《韩非子·说疑》篇中也曾提到："舜逼尧，禹逼舜，汤放桀，武王伐纣，此四王者，人臣弑其君也，而天下誉之。"

如果根据这些史籍记载来看，舜能够继位并非来自尧的禅让，而是通过武力夺取的。舜继位后，还将尧囚禁于平阳，并幽禁其子丹朱，不让他们父子相见。

到底是尧禅位，还是舜夺位呢？

《竹书纪年》中说"舜放尧于平阳"，而东汉人皇甫谧的《帝王世纪》记载说："尧初封唐……及为天子居平阳。"如果尧建都平阳，那么舜就没有必要再将尧流放到平阳了。

韩非子虽然曾在《说疑》篇中说"舜逼尧，禹逼舜"，但却又在《忠孝》篇中说："尧为人君而君其臣，舜为人臣而臣其君，汤、武为人臣而弑其主、刑其尸，而天下誉之，此天下所以至今不治者也。"所谓"尧为人君而君其臣"，意思是说尧原本是君主却禅位让舜当君主，自己则俯首称臣，这无疑又肯定了尧的禅位之举。韩非子在《说疑》篇与《忠孝》篇中的话自相矛盾，因此，他所说的"舜逼尧"一事不足采信。

整体来看，并没有确切的证据证明舜是篡位的。那么，会不会是尧禅让呢？

事实上，尧一直都存在禅位的思想。早在战国时期道家学派的代表人物庄子就曾在《庄子·逍遥游》中提到"尧让天下于许由"一事：起初，尧原本想将王位禅让给许由，但许由听说后，认为这是一种侮辱，便到颍水旁清洗自己的耳朵，然后隐居山林，再也不出来了。

此外，1993 年出土的战国中期的《郭店楚墓竹简》中不但记载了尧禅位于舜，还记载了尧为什么要禅位于舜："古者尧之与舜也，闻舜孝，知其能养天下之老也；闻舜弟，知其能事天下之长也；闻舜慈乎弟……为民主也。故其为瞽盲子也，甚孝；及其为尧臣也，甚忠；尧禅天下而授之，南面而王天下，而甚君。故尧之禅乎舜也，如此也。"

由此可见，尧的确曾禅位于舜而非舜夺位。

会不会是推举或民主选举呢？

国学大师钱穆曾在《国史大纲》中说："大抵尧、舜、禹之禅让，只是古代一种君位推选制，经后人之传述而理想化。"也有学者认为，禅位是原始社会时期的一种民主选举制。推选制通常是指在帝王死后由大臣推选出继位者，而民主选举制则是由全国民众共同选举出继位者。那么，会不会有这两种可能呢？

在弄清事实之前，让我们先来看看从黄帝到尧期间，君位是如何传下去的。

根据《史记·五帝本纪》记载："黄帝崩，葬桥山。其孙昌意之子高阳立，是为帝颛顼也。"黄帝去世，其孙颛顼继位。颛顼去世后，由颛顼的堂兄弟帝喾继位。帝喾死后，其子挚继位。挚残暴，被其弟尧流放到外地，尧继承其位。由此来看，从黄帝到尧期间，实行的都是家族内部的父死子继、兄终弟及的世袭制。

《史记·五帝本纪》也曾记载"尧崩，三年之丧毕，舜让辟丹朱于南河之南"，还说"（舜）十七年而崩。三年丧毕，禹亦乃让舜子，如舜让尧子。诸侯归之，然后禹践天子位"。尧去世，舜将王位让给了尧的儿子。舜去世后，禹又将王位让给了舜的儿子。如果实施的不是世袭制，尧、舜为什么一定要将王位让给前任继承者的儿子而不是其他有能力的人呢？这也可以从侧面看出，当时实行的确实是世袭制。

从黄帝到尧一直实行的是世袭制，并且在尧、舜、禹之后的夏朝也仍旧实行世袭制，在尧、舜、禹三朝突然变成推选制或民主选举制的可能性几乎为零。所以说，舜继位并非来自推选或民选。

周幽王会不会为褒姒"烽火戏诸侯"？

周幽王为博美人一笑，不惜导演一出"烽火戏诸侯"的历史大戏，最终导致身死国灭，成为千古笑谈。然而，周幽王虽然昏庸，但他会昏庸到为一个女人而"烽火戏诸侯"吗？再者说，"烽火戏诸侯"真的有那么好笑吗？

周幽王为什么会"烽火戏诸侯"？

周幽王二年（公元前 780 年），三川发生地震，岐山崩塌。尽管灾情十分严重，周幽王并未组织群众抗震救灾，而是整天不思国政，沉湎于女色而无法自拔。

不久，褒国人犯下重罪，为赎罪便将褒国的绝世美女褒姒进献给了周幽王。关于褒姒的身世，《史记》中有一段荒诞的记载：

早在夏朝末年，有两条神龙降落在夏帝的宫廷中，并自称是褒国的两位先君。夏帝命人占卜吉凶，发现无论是将二龙捕捉，还是将其赶走，甚至杀死都不吉祥，而最为吉祥的莫过于将龙涎封藏起来。于是，夏帝命人将龙涎装进匣子并封藏进密室。

夏朝灭亡，匣子传到商朝。商朝灭亡，匣子又传到了周朝，虽然历经三朝，但从未有人敢擅自打开。当匣子传到周厉王时，好奇心极强的周厉王不顾群臣反对，毅然决然地打开了匣子。匣子在被打开的一刹那，龙涎溢出，流满宫廷，难以清除。

当时，周厉王被吓得一脸死色，在他反应过来之后，立刻命宫女们赤身裸体对着龙涎大声喊叫。龙涎似乎惧怕裸女，瞬间变成黑色蜥蜴，窜入后宫。后宫有一位婢女不小心踩到蜥蜴爬过的地方，到了十五岁，在没有与男子交合的情况下竟然意外怀孕并生下一女。婢女非常害怕，于是便偷偷将女婴抛弃在野外。

当时，周厉王的儿子周宣王刚继位不久，民间便开始有女童唱歌谣说："檿弧箕服，实亡周国！"意思是说，卖山桑木制作的弓与箕木制作的箭袋的人会使周朝灭亡。周宣王听说有一对夫妇开了一家用山桑木和箕木制作弓和箭袋的专卖店，于是便派人追杀这对夫妇。夫妇二人在逃往褒国的途中，遇到被婢女抛弃的女婴，见她可怜，便收养了她。而这个女婴就是褒姒。

周幽王得到褒姒，如获至宝，对她宠爱有加。褒姒这人什么都好，但就是太过冷淡，不爱笑。为博褒姒一笑，周幽王可谓是煞费苦心。据《史记·周本纪》记载，周幽王最终想出了一个馊主意：点燃烽火台。烽火台是周天子遇到紧急情况时召集四方诸侯进京勤王的信号。当周幽王点燃烽火台后，诸侯们率兵从四面八方风尘仆仆地赶来，褒姒见他们一副惊慌失措的样子，不禁哈哈大笑。周幽王见褒姒难得一笑，就隔三岔五地点燃烽火台。

周幽王在点燃烽火台的时候却不知道自己同时也点燃了诸侯们的怒火。遭到戏弄的诸侯们知道真相后，一次比一次来得少了，最后干脆就没有人再来了。诸侯们不陪周幽王玩，周幽王决定自己再玩一把大的。不过，他却不知道自己这是在玩火自焚。

为了让褒姒做梦都能笑出声，周幽王废掉了申后以及太子宜臼，改立褒姒为王后，立褒姒的儿子伯服为太子。

申国国君申侯见周幽王废掉了自己的女儿与外孙，不禁勃然大怒。他恨不得立刻攻进镐京，杀掉周幽王，活捉褒姒。但他知道仅凭他一人之力根本就无法攻破镐京，于是他便联合了缯国、西戎一起攻打镐京。

周幽王见申侯一伙来势汹汹，势不可挡，就命人再次点燃烽火台，召集四方诸侯前来勤王，但他却发现没有一个诸侯前来营救。联军顺利攻破镐京，并在骊山下杀死了周幽王。周幽王死后，西周灭亡。申侯立外孙宜臼为王，史称周平王，历史进入东周。

"烽火戏诸侯" 一事可靠吗？

《史记》记载的是"烽火戏诸侯"，但比《史记》成书更早且由秦国丞相吕不韦组织门客编撰的《吕氏春秋》中记载的却是"击鼓戏诸侯"："周宅丰、镐，近戎。幽王与诸侯约：为高葆于王路，置鼓其上，远近相闻，即戎寇至，传鼓相告，诸侯之兵皆至救天子。戎寇尝至，幽王击鼓，诸侯之兵皆至，褒姒视之大说，喜之。幽王欲褒姒之笑也，因数击鼓。诸侯兵数至而无寇。至其后，戎寇真至，幽王击鼓，诸侯兵不至。幽王之身乃死于骊山之下，为天下笑。"

无论是《史记》还是《吕氏春秋》，它们所记载的内容都有一个共同点，那就是申侯一伙率先攻打周幽王。但国学大师钱穆在《国史大纲》中却认为，并非是申侯率先攻打周幽王，而是周幽王率先攻打申侯，"此委巷小人之谈。诸侯并不能见烽同至，至而闻无寇，亦必休兵信宿而去，此有何可笑？举烽传警，乃汉人备匈奴事耳。骊山一役，由幽王举兵讨申，更无需举烽。"

此外，近年来出土的《清华大学藏战国竹简》上的记载与钱穆先生的推测不谋而合。《清华大学藏战国竹简》上明确记载道："周幽王取妻于西申，生平王。王或取褒人之女，是褒姒，生伯盘（伯服）。褒姒孽于王，王与伯盘逐平王，平王走西申。幽王起师，回平王于西申，申人弗畀。曾（缯）人乃降西戎，以攻幽王，幽王及伯盘乃灭，周乃亡。"

由"幽王起师，回平王于西申"来看，是周幽王率先发兵攻打申国的，申侯才会联合缯国、西戎反击周幽王。既然如此，周幽王就没有必要点燃烽火台召集诸侯前来勤王，也不会有"烽火戏弄诸侯"之事。由此可以断定，周幽王"烽火戏诸侯"一事纯属误传。

伍子胥有没有对楚平王鞭尸或鞭墓？

两千多年来，人们一直认为伍子胥为复仇曾掘开楚平王的坟墓并鞭尸三百。也有学者认为，伍子胥并未鞭尸而是鞭墓。关于鞭尸与鞭墓之说，学术界一直争论不休。那么，伍子胥到底是鞭尸了，还是鞭墓了？抑或是另有真相呢？

伍子胥与楚平王有何不共戴天之仇？

伍子胥，楚国人，父亲伍奢是太子建的太傅，而费无忌则是太子建的少傅。伍奢为人正直，而费无忌却非常奸猾，所以太子建十分宠信伍奢而厌恶费无忌。

楚平王二年（公元前 527 年），楚平王派费无忌到秦国为太子建娶妻。费无忌见秦女长得倾国倾城貌，便劝楚平王说："大王，小人阅尽列国女子，深知赵女能歌善舞，晋女秀外慧中，吴女卓越多姿，越女妖娆魅惑……尽管她们各有千秋，但臣敢保证，这秦女绝对会让大王销魂蚀骨！不如大王您自己留着享用吧！"楚平王一向是下半身控制上半身的动物，所以便采纳了费无忌的建议，将秦女收入后宫，然后为太子建另娶了一位女子。

对于太子建而言，媳妇变成了后妈，这让他十分恼怒。费无忌担心楚平王百年之后，太子建一旦继位就会杀他泄愤，于是日夜在楚平王面前诋毁太子建。再加上太子建的母亲是蔡国人，平时不受宠幸，所以楚平王就把太子建打发到楚国边境的城父去成守边疆了。

不久，费无忌就对楚平王说："太子因为秦女的事儿对大王心怀怨恨，希望大王早做准备。臣听说，自从太子驻守城父以来，独揽大权，暗通诸侯，准备引兵作乱呢！"

楚平王认为太子已是储君，根本就没有必要弑父篡位，但心中仍有忌惮，于是便将伍奢从城父召回郢都，进行拷问。

伍奢知道是费无忌故意陷害太子建的，因此对楚平王说："大王为什么要听信小人谗言而疏远骨肉至亲呢？"

费无忌劝楚平王说："大王倘若不先发制人，等到太子谋反成功，恐怕大王就会成为他的俘虏！"

楚平王大怒，立刻囚禁伍奢，并派司马奋扬赶往城父诛杀太子建。奋扬知道太子建是无辜的，在出发前便派人事先通知太子建，太子建得到消息后仓皇逃出了楚国。

费无忌见太子建潜逃，便向楚平王建议说："伍奢有两个儿子，都是贤能之辈，如果不斩草除根，迟早会成为楚国的祸患。不如把伍奢当成人质，将二人招来，然后将他们父子三人一并杀掉，以绝后患！"

于是，楚平王派人对伍奢说："如果你能把你的两个儿子招来，我就饶你一命！如若不然，你就等着让你的儿子给你收尸吧！"

伍奢仰天大笑道："我大儿子伍尚为人宽厚孝顺，召他，他一定会来；而我小儿子伍子胥文能治邦国，武能定天下，纵使蒙垢受耻，也能忍辱负重，他日必能成就一番大业。他深知来了必死，肯定不会来！"

楚平王不听，于是派遣使者赶往城父，对伍尚、伍子胥传达王命说："你们的父亲犯有谋反罪，如果你们肯回郢都，寡人就饶他一命；倘若不来，立刻将他处死！"

伍子胥知道父亲已被扣押，即便他们回去了，楚平王也一定会将他们处死。当伍尚准备动身返回郢都时，伍子胥劝他说："大王召我们兄弟二人回去，并非是真心想要放过我们的父亲，只是担心我们逃脱后会生出后患，所以才会以父亲为人质，召我们回去。我们一旦回去了，必定与父亲一道被杀，是为不智！我们死不足惜，但冤仇不除，是为不孝！不如我们一起逃走，另寻时机，替父报仇！"

伍尚感叹说："大王召见，不去，是为不忠；父亲召见，不去，是为不孝。我不愿背负不忠不孝的恶名，更不愿因为爱惜自己的生命而断绝父亲求生的欲望！你能为父亲报仇，赶快逃走吧，就让我陪父亲一起去死！"

使者逮捕伍尚后，又准备去逮捕伍子胥，伍子胥拿起弓箭射向使者，使者不敢上前，伍子胥趁机逃走。伍尚被抓进郢都后，与伍奢一道被杀掉了。

伍子胥为复仇做了哪些准备？

面对父兄之仇，伍子胥曾对刎颈之交申包胥说："他日我一定要覆灭楚国！"

伍子胥从楚国逃出后，便去宋国投奔太子建。后来，宋国发生叛乱，伍子胥又追随太子建逃往郑国。尽管郑国将太子建与伍子胥奉为座上宾，太子建却想与晋国里应外合灭掉郑国，然后在郑国称王。不料事情败露，太子建被杀，伍子胥一路乞讨，逃到了吴国。吴王僚知道伍子胥很贤能，便重用了伍子胥。

没过多久，吴楚两国边境的女子因为争采桑叶而大打出手，最终发展成了两个国家之间的战争。吴王僚派堂兄公子光攻打楚国，攻破楚国的两座城池后，撤兵而回。此时，伍子胥向吴王僚建议说："楚国可以攻破，恳请大王再派公子光继续攻打楚国！"

公子光认为，伍子胥建议讨伐楚国是为了报父兄之仇。吴楚交战多年，却始终未见大胜，一时半会儿又怎么可能攻破楚国呢？如果发兵攻楚，无异于是在替伍子胥报仇。倘若战胜，伍子胥大可泄其私愤。倘若不胜，吴国就会举国蒙羞。因此，公子光极力反对吴王僚伐楚。吴王僚也因此放弃了伐楚的决定。

伍子胥知道自己无功于吴王僚，吴王僚也一定不会轻易替他报仇。当他得知公子光有篡位之心后，他决定帮助公子光夺位。一旦事成，公子光也一定会替他报仇。于是，伍子胥向公子光推荐了刺客专诸。专诸杀掉吴王僚后，公子光顺利继位，史称吴王阖闾。

伍子胥还没有来得及报仇，楚平王便去世了。尽管楚平王去世了，伍子胥始终没有忘记父兄被冤杀的仇恨。

公元前 506 年，伍子胥与"兵圣"孙武攻破了楚国的都城郢，楚平王与秦女所生的儿子楚昭王逃出了楚国。

伍子胥有没有鞭尸或鞭墓？

攻占郢都后，伍子胥完全有能力可以报仇了！那么，伍子胥有没有对楚平王鞭尸或鞭墓呢？

人们之所以认定伍子胥曾经鞭打楚平王的尸体三百次，是因为对后世影响至深的《史记·伍子胥列传》上记载说："及吴兵入郢，伍子胥求昭王。既不得，乃掘楚平王墓，出其尸，鞭之三百，然后已。"

然而，当我们再来看《史记·楚世家》时，上面却记载说："（楚昭王）十年冬，吴王阖闾、伍子胥、伯嚭与唐、蔡俱伐楚，楚大败，吴兵遂入郢，辱平王之墓，以伍子胥故也。"

同样出自《史记》，一个说是鞭尸，一个说是辱墓。司马迁作为一个严谨的史学家，习惯把存疑的地方分别记载在不同的地方，供后人自鉴真伪。既然我们不能从《史记》上断定伍子胥是鞭尸还是鞭墓，那么，我们再来看看其他有关伍子胥鞭尸和鞭墓的记载。

事实上，与伍子胥（公元前559—公元前484年）出生在同一个时代的孔子（公元前551—公元前479年），在其所著的《春秋》一书上，并没有任何关于伍子胥鞭尸或鞭墓的记载，而是仅仅记载了五个字"庚辰，吴入郢。"

孟子曾说："世衰道微，邪说暴行有作，臣弑其君者有之，子弑其父者有之，孔子惧，作《春秋》。"即便伍子胥替父兄报仇有理，但如果他不顾君臣大义对楚平王鞭尸或鞭墓，《春秋》上恐怕不会不记载。

由春秋末年鲁国人左丘明为《春秋》做注解而著的《左传》上也未记载伍子胥有鞭尸或鞭墓的行为，只是说："庚辰，吴入郢，以班处宫。子山处令尹之宫，夫概王（吴王阖闾的弟弟）欲攻之，惧而去之，夫概王入之。"

此外，生活在战国中期的作为楚王宗亲的屈原曾在《楚辞·九章·悲回风》中自比伍子胥，还说："浮江淮而入海兮，从子胥而自适。"意思是说，"我想投入江中，追随伍子胥而去（伍子胥晚年因被诬陷谋反，被吴王夫差逼杀后，尸体被沉入江中）"。如果伍子胥曾经鞭打过他先人的尸体或坟墓，屈原还会这么做吗？

实际上，"伍子胥鞭墓"之说先于"伍子胥鞭尸"之说出现，并且前者比后者早出现了几百年。

"伍子胥鞭墓"之说最先出现在《穀梁传》中。《穀梁传》是由孔子的再传弟子、战国时期鲁国人穀梁俶所著。起初，《穀梁传》只是通过口耳相传而流传下来，真正成书的时间是在西汉。

　同样记载"伍子胥鞭墓"之说的还有《吕氏春秋》。《吕氏春秋》上说："（楚昭王）六年，然后大胜楚于柏举，九战九胜，追北千里，昭王出奔随，遂有郢，（伍子胥）亲射王宫，鞭荆平（楚平王）之坟三百。"

到了西汉年间，司马迁的《史记》上同时出现了伍子胥鞭尸与近似鞭墓的辱墓的行为。对于伍子胥鞭尸的理由，《史记》有详细记载：申包胥听说伍子胥鞭打楚平王的尸体，就斥责伍子胥说，你曾经身为楚平王的大臣，如此对待楚平王，有失天道。而伍子胥却回答说："吾日莫途远，吾故倒行而逆施之。"意思是说，我已经老了，实在是等不起了，所以才会倒行逆施。

事实上，楚平王于公元前 516 年去世，伍子胥于公元前 506 年攻破郢都，时间相差整整十年，等伍子胥掘开坟墓，看到的恐怕只有一堆白骨，他又如何鞭尸呢？难不成是"鞭骨"？

到了东汉初年，由袁康与吴平共同编著的《越绝书》上认为是鞭墓。《越绝书》上记载说："楚王已死，子胥将卒六千人，操鞭笞平王之坟，曰：'昔者吾先君无罪，而子杀之，今此以报子也！'"

而由东汉人赵晔所著的《吴越春秋·阖闾内传》中则认为是鞭尸，还添油加醋地写道："伍胥以不得昭王，乃掘平王之墓，出其尸，鞭之三百，左足践腹，右手抉其目，诮之曰：'谁使汝用谗谀之口，杀我父兄，岂不冤哉？'即令阖闾妻昭王夫人，伍胥、孙武、白喜亦妻子常、司马成之妻，以辱楚之君臣也。"

鞭打一代君王的尸体或坟墓绝非小事，然而综观先秦时期的《春秋》、《左传》等诸多史籍，对此均无记载，因此，我们可以推断伍子胥并没有做过鞭尸与鞭墓的行为。至于先秦以后的史籍所记载的伍子胥鞭墓不过是后人的误传而已，而鞭尸则是在伍子胥鞭墓的基础上演化而来的。

勾践有没有做过夫差的奴仆？有没有卧薪尝胆？

春秋末年，吴王夫差为父报仇，发兵攻打越国。越国大败，越王勾践被围困在会稽山中。相传，勾践为求和，甚至不惜带着夫人到吴国为奴，并为夫差喂马驾车。两年后，夫差放勾践归国。回国后，勾践卧薪尝胆，借以提醒自己不忘前耻。"十年生聚，十年教训"，勾践最终大败吴军并逼杀夫差，灭掉吴国，为后世所称颂。然而，勾践真的做过夫差的奴仆和卧薪尝胆之事吗？

越王勾践为何与吴王夫差结仇？

吴国与越国接壤，多年来两国为争夺地盘而攻伐不止，结怨可谓甚深。

公元前496年，吴王阖闾听说越王允常去世，想趁越国发丧之际发兵攻打越国。刚刚继位的越王勾践想出一个阴招，命罪犯向吴军挑战，罪犯排成三行，冲进吴军阵地后，高呼数声，然后自刎而死。吴军看得傻了眼。正当吴军一头雾水时，越军突然向吴军发起冲锋，结果，大败吴军，吴王阖闾亦被射伤。

阖闾回国不久，便因伤势过重去地下见列祖列宗了。临终前，他交代儿子夫差说："孩儿啊，千万不要忘了替你老子报仇！"夫差继位后，日夜练兵，无时无刻不在想着报复勾践。

勾践听说夫差想要寻仇，便想先发制人。大夫范蠡劝谏说：

"兵器是凶器。率先发动战争有违道德，而且是最下等的事。通过阴谋去做有违道德的事，并且喜欢使用凶器，亲自参与下等事，一定会遭到上天的惩罚！"任范蠡说得口吐白沫，勾践就是油盐不进。

一听勾践亲率大军攻打吴国，夫差立刻炸了。他没想到自己还没动手报仇，仇人却杀上门来。夫差心想，勾践是不是脑子进水了啊？于是，他立刻征调吴国的精锐之师迎战越军。几战下来，越军败得一塌糊涂，勾践与五千残余士兵最终被吴军包了饺子，围困在会稽山中。

在走投无路之际，勾践问范蠡说："只因寡人当初没有听从先生的建议才沦落到今天这个地步，接下来我们应该怎么办呢？"

范蠡建议说："能保全功业的人，必先效法天道圆满而不过分；能转危为安的人，一定懂得人道而谦卑恭敬；能节制事理的人，一定遵循地道而因地制宜。如果您能态度谦卑地派人给吴王送去大礼，或许吴王会放过我们。如果不行，您就亲自到吴国去侍奉吴王。"

于是，勾践派大夫文种携带珍宝、美女出使吴国。文种对吴王夫差说："越国的亡国之君勾践派我告诉大王，勾践斗胆请求做大王的奴仆，并让妻子做大王的奴婢！"

夫差原本想答应，但遭到伍子胥的强烈反对。文种回到越国后，向勾践据实禀报。勾践见求和无望，便想杀掉妻儿、烧掉金银宝器，率领五千越军与吴军拼死一战。

文种阻止说："吴国的太宰伯嚭贪财好色，我们可以用金钱、美女贿赂他！"于是，勾践派文种到吴国贿赂伯嚭。伯嚭收到金钱、美女后，将文种引荐给了夫差。文种对夫差说："只要大王肯开恩赦免勾践的罪过，越国愿意将珍宝悉数献给大王。倘若不能侥幸得到赦免，勾践将会残杀妻儿，烧毁珍宝，与吴国拼死一战。"

正在夫差犹豫之际，伯嚭趁机劝说道："勾践已经臣服于大王，如果赦免了他，这对国家来说绝对是有利的！"夫差耳根子软，所以最终还是下令赦免了勾践。

伍子胥听说后，立刻进宫觐见夫差，并劝谏说："勾践乃一代贤君，而文种、范蠡也是一代良臣，如果现在不趁机灭掉他们，日后一定还会生出祸乱！"

夫差说："你怎么会把越国看得如此强大呢？越国难道还会成为我们的心腹大患吗？如果越国灭亡，今后再举行国庆大阅兵的时候，寡人向谁炫耀军威呢？"夫差执意赦免了勾践并撤回了大军。

勾践有没有做过夫差的奴仆？

东汉人赵晔所著的《吴越春秋·勾践入臣外传》中曾有记载："吴灭越，越王勾践入臣于吴。吴王病，勾践用范蠡计，入宫问疾，尝吴王粪以诊病情，吴王喜，勾践遂得赦归越。"意思是说，勾践战败后，亲自到吴国并做了吴王夫差的奴仆。为了获得夫差的信任并早日归国，勾践听从范蠡的建议，在夫差生病期间，甚至不惜以尝夫差粪便的方式来替夫差诊断病情。粪便那酸爽恐怕任谁都很难下得了嘴，但勾践不但要下得了嘴，还得吧唧嘴表现出很享受的样子。没办法，人为刀俎，我为鱼肉，为了生存只能接受屈辱。

然而，真相真如《吴越春秋》等史籍上所记载的那样，勾践曾经到吴国做过夫差的奴仆吗？

据《国语·吴语》中记载，勾践派人向夫差求和说："勾践用帅二三之老，亲委重罪，顿颡于边……勾践请盟：一介嫡女，执箕帚以畡姓于王宫；一介嫡男，奉槃匜以随诸御；春秋贡献，不解于王府……吴王乃许之，荒成不盟。"意思是说，勾践愿意率领几位重臣，并亲自承认犯下的重罪，到吴越两国的边境磕头谢罪；如果吴国愿意签订盟约，勾践不但会派嫡长女拿着笤帚到吴国侍奉夫差，还会派嫡长子捧着盘子侍奉在夫差左右。夫差口头答应签订盟约，但在没有举行正式盟誓之前便撤军了。

事实上，就连《史记》也未记载勾践到吴国做人质，而真正去吴国做人质的是范蠡与大夫柘。《史记》上说："（勾践）欲使范蠡治国政，蠡对曰：'兵甲之事，种不如蠡；填抚国家，亲附百姓，蠡不如种。'于是举国政属大夫种，而使范蠡与大夫柘稽行成，为质于吴。二岁而吴归蠡。"

《吴越春秋》所记载之事大多是小说家之言，所以不足为信。由此可见，勾践从来没有到吴国侍奉过夫差，更不可能尝夫差的粪便。

勾践有没有卧薪尝胆？

所谓"薪"就是指柴草，而"卧薪"就是指躺在柴草上。

《史记》上明确记载了勾践曾经"坐卧"尝胆，但并没有记载"卧薪"尝胆："吴既赦越，越王勾践反国，乃苦身焦思，置胆于坐，坐卧即仰胆，饮食亦尝胆也。"意思是说，勾践把苦胆悬挂在座位上，无论是坐下，还是躺下，甚至吃饭的时候都会尝尝苦胆，就是为了时刻提醒自己不忘雪耻。

其实，历史上第一位将"卧薪"与"尝胆"结合在一起使用的是北宋时期的大文豪苏轼。苏轼曾经以孙权的口吻写了一篇名叫《拟孙权答曹操书》的文章，文中写道："仆受遗以来，卧薪尝胆，悼日月之逾迈，而叹功名之不立，上负先臣未报之忠，下忝伯符知人之明。"意思是说，我孙权自从接受父兄的遗志以来，卧薪尝胆，感叹光阴似箭，功名未立，对上辜负先祖未报的忠诚，对下愧对兄长的知人之明。而此时的"卧薪尝胆"并非是说勾践，而是说孙权。

不过，南宋理学家吕祖谦的《左氏传说》以及明朝张溥的《春秋列国论》中却提到过吴王夫差"坐薪尝胆"报仇的故事。

再后来的历史小说中都曾多次描写过勾践卧薪尝胆，甚至连清代小说家蒲松龄都曾写过一副对联："有志者，事竟成，破釜沉舟，百二秦关终归楚；苦心人，天不负，卧薪尝胆，三千越甲可吞吴。"

本来"卧薪"与勾践无关，但经过后人的渲染，"卧薪尝胆"这番壮举就逐渐被强加到了勾践的身上。

综合以上所述，我们可以断定勾践并未到吴国做过人质，也从来没有"卧薪"。至于"尝胆"之事，先秦时期的史籍《国语》、《左传》上虽然详细地记载了勾践与夫差的众多事件，但从未记载过勾践"尝胆"，仅有《史记》一书记载，只能作为孤证，由于没有其他可信史籍互证，只能存疑。

孟姜女有没有哭过长城？

千百年来，"孟姜女哭长城"的爱情故事一直在民间广为流传。有人认为孟姜女哭的是齐长城，有人认为孟姜女哭的是秦长城，还有人认为孟姜女从来没有哭过长城，甚至有人认为孟姜女压根就没有哭过。那么，真相到底如何呢？

"孟姜女哭长城"在不同时期的记载

春秋战国时期

最先记载"孟姜女哭长城"的是春秋末年鲁国史官左丘明所著的《左传》。

公元前 550 年，齐庄公派大将杞梁、华周攻打莒国。杞梁、华周与莒国国君在蒲侯氏相遇，莒国国君想策反二人，便用重金贿赂他们并请求结盟。杞梁、华周表示："贪图私利，违抗君令，这是君主所不齿的！早晨接受命令，中午便弃之不顾，今后又有何颜面侍奉君主呢？"于是，二人与莒人大战于蒲侯氏。莒国国君亲自击鼓迎战齐军，结果，齐军战败，杞梁被杀。齐庄公被迫与莒国讲和，然后撤军而归。

据《左传》记载："齐侯归，遇杞梁之妻于郊，使吊之。辞曰：'殖之有罪，何辱命焉？若免于罪，犹有先人之敝庐在，下妾不得与郊吊。'齐侯吊诸其室。"意思是说，齐庄公回国后，在郊外遇到杞梁的妻子，便派人向她吊唁。杞梁妻辞谢说："杞梁有罪，岂敢劳烦国君吊唁？倘若免罪，还有先人给他留下的旧宅在，民妇不能在郊外接受吊唁！"杞梁妻的言外之意是说，她不接受齐庄公在郊外吊唁自己的丈夫。于是，齐庄公又亲自到杞梁的家中去吊唁。

此时，杞梁妻还没有成为大家所熟知的"孟姜女"，而《左传》中也没有提及"哭"和"长城"。

随后的《礼记·檀弓》记载说："齐庄公袭莒于夺，杞梁死焉。其妻迎其柩于路，而哭之哀。"此时，才出现了杞梁妻"哭"的场景。

不久，杞梁妻"哭"丈夫一事逐渐在齐国传扬开来，它甚至改变了齐国的风俗。对此，《孟子》一书中曾记载道："王豹处于淇而河西善讴，绵驹处于高唐而齐右善歌，华周杞梁之妻善哭其夫而变国俗。"

汉朝时期

到了西汉时期，开始出现杞梁妻"哭城"的故事，但此时的城并非是指长城，而是城邑。

最先记载杞梁妻"哭城"一事的是《战国策》的整理者刘向。他在《说苑·善说篇》中说："昔华周、杞梁战而死，其妻悲之，向城而哭，隅为之崩，城为之厄。"此时，书中不但出现了"哭城"的情节，还出现了"崩城"的情节。"哭城"的情节尽管生动形象，但与《左传》、《礼记》记载杞梁妻在郊外"知礼"的行为相比，简直判若两人。

紧接着，刘向又在《列女传》中加入了杞梁妻"投淄水"而死的情节："杞梁之妻无子，内外皆无五属之亲。既无所归，乃就其夫之尸于城下而哭之，内诚动人，道路过者莫不为之挥涕，十日，而城为之崩。既葬，曰：'吾何归矣？夫妇人必有所倚者也。父在则倚父，夫在则倚夫，子在则倚子。今吾上则无父，中则无夫，下则无子。内无所依，以见吾诚。外无所倚，以立吾节。吾岂能更二哉！亦死而已。'遂赴淄水（靠近齐国都城临淄）而死。"

刘向仅仅记载了杞梁妻"哭城"一事，但并未记载杞梁妻哭的是哪一座城。到了东汉时期，王充在《论衡·变动篇》中说杞梁妻哭的是杞国的杞城，还提到杞城被哭崩五丈，"或时杞国且圮，而杞梁之妻适哭城下……又城老墙朽，犹有崩坏。一妇之哭，崩五丈之城……"

此外，东汉末年的文学家邯郸淳在《曹娥碑》也说"杞崩城隅"，西晋时期的经学博士崔豹的《古今注》也说"杞都城感之而颓"。

事实上，无论是杞国还是杞城，都与杞梁以及其死亡之地无关，或许正是因为杞梁的名字中带有"杞"字，所以才出现了杞梁妻哭崩杞城的传说。

三国时期

哭是断然不会使城墙崩塌的，因此，王充在《论衡·变动篇》中质疑说："哭能崩城，复能坏山乎？"意思是说，如果哭能够使城墙崩塌，那么它不会使山崩塌吗？

到三国时期，便出现了杞梁妻"哭崩山"的传说，并且说被哭崩的山就是梁山（今山西西南部和陕西东部）。曹植在《黄初六年令》中说"杞妻哭梁，山为之崩"，又在《精微》篇中说"杞妻哭死夫，梁山为之倾"。

春秋时期，梁山的确曾经发生过一次巨大的崩塌事件，或许正是因为有了王充的"崩山说"，再加上杞梁的名字中带有"梁"字，所以才会有杞梁妻哭崩梁山的传说。

针对杞梁妻哭崩梁山的传说，李白还曾在《东海有勇妇》一诗中写道："梁山感杞妻，恸哭为之倾。"

南北朝时期

郦道元认为，杞梁妻哭的是莒城。他在《水经注·沭水》中记载说："齐人杞梁殖袭莒，战死……妻乃哭于城下，七日而城崩……即是城也。其城三重，并悉崇峻，惟南开一门。内城方十二里，郭周四十许里。"大意是说，杞梁在莒国战死后，其妻在莒城痛哭了七天七夜，致使莒城崩塌。

杞梁死于莒国，在莒城哭泣，也在情理之中，但由于是郦道元的一家之言，又没有与之对应的传说作为背景，因此并未广为流传。

唐朝时期

由唐朝人撰写的《同贤记》记载了另一个版本的"孟姜女哭长城"：

秦朝时，秦始皇征发劳役修建长城，燕人杞良为躲避劳役，跳进了孟超家的后园。当时，孟超的女儿孟仲姿正在后园中的水池里洗澡，不小心被杞良看了个精光。古代女性比较注重个人名节，所以孟仲姿就请求杞良娶她为妻。

杞良虽然不是那种提上裤子就不认账的男人，但也不是那种看了一眼就非得买账的男人，所以他再三推辞，不肯迎娶。

然而，孟仲姿却说道："女人的身体一辈子都不能再被第二个男人看到！你既然看了我的身体，就应该对我负责！"

杞良感觉很无奈，但最终还是迎娶了孟仲姿。成亲后，杞良返回家中，但不幸被主管征发劳役事务的官员发现。官员对杞良的逃走耿耿于怀，便打死了杞良，还将其尸骨筑进了长城的城墙内。

孟仲姿听说后，赶到长城下号啕大哭，致使长城崩塌。在倒塌的废墟上，露出很多尸骨，并且互相交错。孟仲姿分辨不出哪具才是杞良的，所以就刺破手指，将血滴在尸骨上，并说："如果是杞良的尸骨，血液就流进去吧！"通过"滴血认骨"，孟仲姿终于找到了杞良的尸骨，然后将其带回家安葬了。

《同贤记》的记载与先前的史籍记载有五处不同：一、故事的主人公由"杞梁"变成了"杞良"；二、主人公由春秋时期的齐国人变成了秦朝时的燕地人；三、之前，杞梁的妻子由于没有留下姓名而被称为杞梁妻，现在变成了有名有姓的"孟仲姿"；四、杞梁原本是在与莒国国君作战时被杀，在此处变成了被官员打杀的；五、多出了一段孟仲姿通过"滴血认骨"找到杞良尸骨的情节。

孟姜女或许正是由"孟仲姿"演化而来，而杞梁由齐人变成燕人或许是因为这个传说起于燕地，也或许是因为燕地靠近秦长城，但"滴血认骨"始于三国，兴盛于六朝，比秦朝晚了近四五百年。"滴血认骨"虽然不科学，但古人仅仅使用于有血缘关系的直系亲属之间，绝不会用于夫妻之间，所以孟仲姿"滴血认夫"显得极为荒诞。

比《同贤记》稍晚的《文选集注》与《同贤记》内容大致相似，但又有所不同：一位叫孟姿的女子居住在长城附近。有一天，她正在后园的水池中玩耍，恰巧看到了为躲避徭役而逃入她家后园的杞梁。孟姿请求杞梁娶自己为妻，杞梁谢绝，但孟姿执意要嫁给杞梁，于是两人开始交往。后来，孟姿听说杞梁去世，尸体被筑进长城，于是向城而哭，长城为之崩塌。由于尸骨太多，难以辨认，孟姿变泪为血，然后"滴血认骨"，找到了杞梁。《文选集注》并未说杞梁是哪里人，也没说杞梁是如何去世的，仅仅把《同贤记》中的"杞良"又改为了"杞梁"，而"孟仲姿"也变成了"孟姿"，似乎与孟姜女的"孟姜"更为接近了，因为"姿"与"姜"都带有"女"字旁，并且字形也有些相似。

　　"孟姜女"这个名字最早见于《敦煌曲子词》中的《捣练子》一诗，诗中写道："孟姜女，杞梁妻，一去燕山更不归，造得寒衣无人送，不免自家送征衣。"此时，由"夫死哭城"变成了"寻夫送衣"。

　　众所周知，唐朝时期边塞战争不断，男子多被派往边塞戍边，因此，"寻夫送衣"的诗歌在唐朝颇为常见。杞梁妻虽然与"寻夫送衣"毫无关系，但诗人们却将它们联系到了一起。例如皮日休，他曾在《卒妻悲》中写道："河湟戍卒去，一半多不回……处处鲁人髽，家家杞妇哀。"这类诗歌不过是想借杞梁妻的悲惨境遇来表达对广大劳动妇女悲惨命运的同情。

宋朝时期

　　到了宋朝，孟姜女的故事越来越流行。为歌颂孟姜女对丈夫的忠贞不渝，各地纷纷为孟姜女建起了庙。目前，已知最早的孟姜女庙在安肃（河北徐水县），碑文《姜女庙记》则由北宋祥符年间的王梦征所作。

　　到了南宋时期，《孟子疏》一书中记载说："或云，齐庄公袭莒，战而死；其妻孟姜向城而哭，城为之崩。"此书记载的杞梁妻名为孟姜。

　　南宋学者周辉在《北辕录》中记载说："八日，至雍丘县（今河南杞县），县故杞国……次过范郎庙，其地名孟庄，庙塑孟姜女，偶坐配享者，蒙恬将军也。"此书将杞梁记为"范郎"，或许是因为其他书籍称"杞梁"为"犯梁"的缘故，最后将"犯"讹传成"范"的缘故。此外，此书还说孟姜女来自杞国孟家庄。

元朝时期

　　到了元朝，人们开始将孟姜女写进戏曲。其中，最早写孟姜女的是陶宗仪的《辍耕录》。《辍耕录》所载院本"打略拴搐"类有

《孟姜女》。

诗人马致远在《任风子》中曾提到"想当时范杞良筑在长城内"，戏曲家武汉臣在《生金阁》也曾提到"杀坏了范杞梁"。马致远记载的是"范杞良"，而武汉臣记载的是"范杞梁"，两人的记载都带有"范""杞"二字，但后来在各地所流传的名字又有所不同，其中包括范希郎、范喜郎、范杞良、范纪良、万喜良等。

明朝时期

根据1461年编撰完成的《大明一统志》记载："孟姜女本陕之同官人，秦时以夫死长城，自负遗骨以葬于县北三里许，死石穴中"。同官（今陕西铜川）在春秋战国时期隶属于秦国，如果孟姜女来自同官，那么她便成了秦人。

1519年，安肃知县张镇作在宋朝时期建造的孟姜女庙的古迹上重新修建了孟姜女庙，并在石碑中说孟姜女是燕人，安肃就是孟姜女的故乡。

到了1534年，湖南巡抚林大格修建了澧州孟姜女祠。澧州人李如圭在祠记中说孟姜女出生在秦国的澧州，去世时却是在同官。陕西人马理所著《同官孟姜庙碑记》、《孟姜女补传》及《孟姜女集》都继承了这种说法。

1594年，山海关尹张栋在山海关为孟姜女立祠，碑文上说，孟姜女姓许，名叫许孟姜，丈夫范郎筑城而死，许孟姜得知后，去寻找其夫，最后痛哭而亡。黄世康作的碑文也说孟姜女姓许，嫁给了秦人范植。范植去世后，许姜女在城下痛哭三日而亡。主持修建长城的大将军蒙恬大为感动，便将二人合葬在山海关。

此时，孟姜女的墓地已经有四处：临淄（《列女传》中说其投淄水而死的地方）、同官、安肃和山海关。

清朝期间

清朝人对于"孟姜女哭长城"这个故事的看法较为理智，大致可以分为四派：

第一派：只相信《左传》，他们认为杞梁妻并未哭，更没有哭城以及长城，如顾炎武的《日知录》和朱书的《游历记存》等。因为杞梁妻既然可以在郊外吊唁，不至于会在路上不顾礼仪地恸哭，而齐庄公既然派人去吊唁杞梁，也不至于使杞梁暴尸荒野，所以杞梁妻也就没有必要到城下或长城下哭。

第二派：认为杞梁妻哭崩的是杞城，如钱曾的《读书敏求记》和梁玉绳的《瞥记》等。

第三派：认为杞梁妻哭崩的是齐长城，如《职方典·山海关》中说"不知其谓长城者，乃泰山之下长城，非辽东之长城"。

第四派：认为孟姜女并不是杞梁妻，而是《汉书·匈奴传》中修筑长城的汉将之妻范夫人，范夫人曾在丈夫死后，将城修建完成。如俞樾的《小浮梅闲话》和何出光的《木兰祠赛神曲》。

到了1910年，在上海老北门城墙挖出一口石棺，石棺中横卧着一尊三尺长的石像，石像上刻着"万杞梁"三个字。此城为1553年建造，而石像也正是当时所埋。

筑城为何要埋石像呢？这还要提到《孟姜仙女宝卷》一书。书中说，秦始皇修建长城时，太白星降下童谣，说："姑苏有个万喜良，一人能抵万民亡。后封长城做大王，万里长城永坚刚。"于是，秦始皇将万喜良筑进了城墙里。这个传说来源于江苏，当时江苏人"范"与"万"不分，便把"范"误记为"万"了。之所以将万喜良埋进长城，是因为埋万喜良一人可以拯救一万人，并且能使长城永远坚固。上海城墙下之所以埋万杞梁的石像，也正是因为想使城墙坚固。不过，这个传说却说万喜良是江苏苏州人，孟姜女是上海松江人。

孟姜女到底有没有哭过长城呢？

从不同时期的时势和风俗来看，春秋战国时期，诸侯混战，以至于礼崩乐坏，儒家推崇礼仪，所以才会盛赞杞梁妻"知礼"。丈夫去世，作为妻子理应"哭之哀"。

到了汉朝，天人感应成为一种信仰，便出现了诸如荆轲刺秦王时白虹贯日、东海孝妇冤死时大旱三年的现象。杞梁妻哭崩城墙或梁山的传说也是在这种情况下产生的。

唐朝时，边塞战争不断，大批民众被征发戍边，而长城又是边疆的屏障，因此才会出现杞梁躲避徭役，死后而被埋进长城里的传说。与此同时，也出现了孟姜女哭长城以及送寒衣的传说。

宋朝以后，各地开始兴建孟姜女庙，并演化出了各种与本地息息相关并且具有本地特色的孟姜女哭长城的传说。

如果从"孟姜女哭长城"故事迁移的地域来看，我们会发现，这个故事是在随着历朝历代的文化中心的迁移而改变。

春秋战国时期，齐、鲁的文化最高，所以此事起于齐地。西汉定都长安，长安位于齐国西部，因此故事向西迁移，才有了哭崩梁山和长城的传说。随后，沿着长城迁移。长城东至辽左，《同贤记》中便有了杞梁为燕人之说；长城西至临洮，《敦煌曲子词》中便有了孟姜寻夫之说。北宋定都汴梁（河南开封），传说又从西部来到中部，因此才有雍丘县的范郎庙。湖南受到陕西的影响，所有才有澧州的孟姜山。广东、广西一方面受到北方的影响，一方面又继续往东影响福建、浙江，而浙江又向江苏传播。江浙一带是南宋时期的文化胜地，虽然受到传说影响较晚，但对全国的影响却非常大。封建王朝从辽到清朝一直建都于北京，因此北方逐渐成为传说的后起之秀，并有了孟姜女与夫合葬山海关的传说。

综合上述，我们不难发现，"孟姜女哭长城"的传说在每一个时代都会被改编成具有当时时代特色的传说，并且传说的发生地还会随着文化中心的迁移而转移，但这些传说已经完全掩盖了"杞梁妻吊唁"的历史真相。事实上，杞梁妻，也就是今天被我们称之为孟姜女的人，其实在吊唁期间并未哭泣，更不用说"哭长城"和"哭崩长城"了。

秦始皇是不是吕不韦的私生子？

秦始皇的生母赵姬原本是吕不韦的小妾，后来又阴差阳错地做了秦庄襄王的夫人，正是由于赵姬身份的特殊性才让秦始皇的身世变得扑朔迷离。有人认为秦始皇是秦庄襄王的儿子，也有人认为秦始皇是吕不韦的儿子，甚至有人认为连赵姬都不知道秦始皇到底是谁的种！难道秦始皇的身世只能成为一个永远无法揭开的谜吗？

吕不韦的爱妾为何会成为秦庄襄王的夫人？

公元前 265 年，大商人吕不韦来到赵国都城邯郸做生意。一次偶然的机会，他遇到了在赵国做人质的秦国太子安国君的儿子子楚，也就是后来的秦庄襄王。一见到子楚，吕不韦便盛赞道："此奇货可居！"

吕不韦开门见山地对子楚说："我能光大你的门庭！"

子楚虽贵为秦国太子之子，但太子安国君有二十多个儿子，他排行居中，由于不受宠，所以才被送到赵国做人质。"人质外交"在春秋战国时期的诸侯国之间颇为盛行，其目的无怪乎是一国向另一国表示愿意和睦共处。然而，诸侯国之间常常互相兼并，你攻我伐，以致战争频发。双方一旦开战，质子就像待宰的羔羊，随时成为祭旗的牺牲品，所以诸侯们常常将最不受宠爱的公子送到另一个国家。哪知秦国屡屡侵犯赵国，赵国又屡屡战败，赵国人苦于无处泄愤，便将对秦国的所有仇恨都加诸子楚身上，于是子楚就成了赵国人的出气筒。子楚以前在秦国是备受冷落，现在在赵国又备受欺凌，以眼下情况来看，想光大门庭简直是天方夜谭。听完吕不韦的一番话，子楚冷冷地揶揄道："你还是先回去光大你自己的门庭，再来光大我的门庭吧！"

吕不韦非但不生气，反而还纵声大笑道："公子有所不知，我的门庭得靠你的门庭光大之后才能光大！"

子楚愣怔片刻，尽管猜不透吕不韦的话中之话，但他却一改先前的傲慢无礼，连忙请吕不韦入座，并对吕不韦深鞠一躬，说："子楚愚钝，还请先生赐教！"

吕不韦解释说："秦王已经年迈，是个有早晨没晚上的人。你父亲安国君身为太子，迟早要继承王位。而你有二十多个兄弟，你又排行居中，并且长年在外做人质。倘若秦王去世，安国君继位，你恐怕没有机会同你那些朝夕陪伴在你父亲身边的兄弟争夺太子之位！"

子楚低头叹息数声，然后抱着一丝希望问吕不韦说："不知道先生可有妙计？"

"列国都知道安国君宠幸华阳夫人，能立太子者恐怕莫过于华阳夫人。你虽然贫困，又常年客居赵国，拿不出什么东西来孝敬你的父母并且结交宾客。我吕不韦虽然也不富裕，但愿意散尽千金替你到秦国做安国君和华阳夫人的思想工作。"

听完吕不韦之言，子楚"扑通"一声跪倒在地，对吕不韦深深一拜，说："倘若他日我子楚有幸继承王位，愿与先生平分秦国。"

在动身前往秦国之前，吕不韦拿出五百金赠予子楚，一部分作为子楚的生活开支，另一部分作为子楚结交宾客之用。然后，他又花掉自己仅剩的五百金购买了一批奇珍异宝，然后动身前往秦国。

想要搞定一个高不可攀的人，最好的办法是从他最亲近的人下手。吕不韦一到秦国，便先买通华阳夫人的姐姐，然后托她将奇珍异宝献给华阳夫人，并告诉华阳夫人的姐姐说："子楚经常对别人说，他爱戴华阳夫人就像爱戴上天一样，每每思念华阳夫人的时候，还会偷偷抹眼泪。"

华阳夫人的姐姐见到华阳夫人后，首先献上吕不韦送来的奇珍异宝，然后将吕不韦托她转达给华阳夫人的话告诉华阳夫人说："我听说，凭借美貌侍奉他人的人，等到美貌消失之后就会失宠。现在太子虽然宠爱您，但您没有儿子，以后无论哪位公子继位，您都无法再享受到现在的富贵了！如果您此时在太子的诸位公子中挑选一位贤能孝顺的，把他认作儿子并立为接班人，那情况就大不一样了。如此一来，您的丈夫在世时，您的地位可以更加尊贵；您的丈夫去世后，是您所认的儿子继位，您的权势也同样不会消失。现在您只要一句话就可以得到永久的利益。如果您不趁着风华正茂的时候为自己打下根基，等到年老失宠的时候，即使再想说话，恐怕也没有人再愿意听了。子楚为人孝顺，自己又知道排行居中，按次序也轮不到他继承王位，他的母亲夏姬也不受宠幸，所以才愿意归附您。如果您能趁此时机认他为子，立他为接班人，他又怎会不将您当成亲生母亲一样侍奉呢？子楚一旦继位，您还担心一辈子不能在秦国受宠吗？"

此时，尽管华阳夫人集万千宠爱于一身，但膝下无子是她最大的遗憾。吕不韦的一番话让她喜出望外。她立刻面见安国君，并对安国君说："我听说子楚非常贤明孝顺，往来于秦赵两国之间的人都称赞他的为人！"

"子楚？哦，我想起来了！没看出来他还这么受欢迎呢！"如果不是华阳夫人提起子楚，恐怕安国君早已将他这个做人质的儿子给遗忘了。

华阳夫人哭哭啼啼地对安国君说："我很幸运能够进入您的后宫，但很不幸未能替您生下一儿半女。我现在想将子楚认作儿子，让他做您的接班人，这样也可以让我终身有所依靠！"

安国君看到爱妾哭成泪人，连忙安慰说："不就是认个儿子吗？我答应便是了！"为了让华阳夫人放心，他还与华阳夫人刻下玉符，约定将子楚立为接班人。随后，华阳夫人与安国君派人送给子楚很多东西，并请吕不韦回到赵国辅佐子楚。不久，子楚便显名于诸侯。

有一天，子楚到吕不韦家喝酒，在酒宴上邂逅一位长得楚楚动人的舞女，非常喜欢，便请求吕不韦将舞女赏给他。事实上，这位舞女是吕不韦的爱妾赵姬。吕不韦见子楚竟然敢横刀夺爱，不禁大怒，但想到自己已经为他倾家荡产了，也不在乎再多送他一个女人，于是便将赵姬拱手让给了子楚。就这样，赵姬就成了子楚的夫人。

哪些史料在说秦始皇是吕不韦的儿子？

最先早记载秦始皇是吕不韦之子的是司马迁的《史记》。《史记·吕不韦列传》记载说："吕不韦取邯郸诸姬绝好善舞者与居，知有身。子楚从不韦饮，见而说之，因起为寿，请之。吕不韦怒，念业已破家为子楚，欲以钓奇，乃遂献其姬。姬自匿有身，至大期时，生子政。子楚遂立姬为夫人。"大意是说，子楚在与吕不韦喝酒期间，见到吕不韦的爱妾赵姬貌美，在不知赵姬已怀有身孕的情况下，恳请吕不韦将赵姬送给他。吕不韦大怒，但想到已经为子楚倾家荡产，又想放长线钓大鱼，索性就将赵姬一并送给了子楚。后来，赵姬便生下了秦始皇。

有人认为，这场酒宴是吕不韦故意设的局，目的就是为了让子楚迎娶已经怀有身孕的赵姬，等子楚百年之后，让自己与赵姬所生的孩子继承王位。事实上，这种观点有四处疑点：

第一，吕不韦怎么就能断定子楚一定会看上赵姬？即便子楚好色看上了赵姬，吕不韦怎么就能断定子楚一定会在酒宴上索要赵姬呢？

第二，当子楚向吕不韦索要赵姬时，吕不韦的第一反应是大怒，证明他起初并不想将赵姬送给子楚。

第三，吕不韦怎么就能断定赵姬一定会生儿子呢？当时的医疗水平根本无法检测出赵姬肚子里的孩子是男是女。如果生女，吕不韦的良苦用心岂不是功亏一篑了？

第四，在古代，扰乱王室血统是灭族之罪。无论赵姬生男生女，一旦事情败露，吕不韦必定会遭到灭族之祸。如此巨大的风险，又岂是一个精明的商人乐意去做的买卖呢？

"设局"之说充满了太多的不确定性以及巨大风险，吕不韦恐怕不会这样做。

除了《史记·吕不韦列传》明确记载秦始皇是吕不韦的儿子外，班固的《汉书·王商传》也同样记载说："臣闻秦丞相吕不韦见王无子，意欲有秦国，即求好女以为妻，阴知其有身而献之王，产始皇帝。"班固还曾在《上明帝表》中称呼秦始皇嬴政为"吕政"："周历已移，仁不代母，秦直其位，吕政残虐。"

此外，司马光的《资治通鉴》也继承了《史记·吕不韦列传》的说法，并说："吕不韦娶邯郸姬绝美者与居，知其有娠，异人从不韦饮，见而请之，不韦佯怒，既而献之，孕期年而生子政，异人遂以为夫人。"

哪些史料说秦始皇是子楚的儿子呢？

司马迁虽然在《史记·吕不韦列传》中记载说秦始皇是吕不韦的儿子，但却又在《史记·秦始皇本纪》中记载说秦始皇是子楚的儿子："秦始皇帝者，秦庄襄王子也。庄襄王为秦质子于赵，见吕不韦姬，悦而取之，生始皇。以秦昭王四十八年正月生于邯郸，及生，名为政，姓赵氏。"司马迁之所以在《史记》中记载了两个截然不同的答案，应当是司马迁看到了两种材料，但又无法确定孰是孰非，所以才会分别记载在不同的地方。

此外，司马迁还在《史记·楚世家》中称秦始皇为"赵政"而非"吕政"，"十二年，秦昭王卒，楚王使春申君吊祠于秦。十六年，秦庄襄王卒，秦王赵政立。"

汉高祖刘邦的孙子、淮南王刘安所编的《淮南子·人间》中说"秦王赵政兼吞天下而亡"，《淮南子·泰族》中又说"赵政昼决狱而夜理书"，他与司马迁属于同时代的人，他称秦始皇为"赵政"，也足以说明他并不认为秦始皇是吕不韦的儿子。

整体来看，汉朝人还是有一部分认为秦始皇是子楚的儿子。

如何用科学的方法揭开秦始皇生父之谜？

根据史籍记载，我们只能凭借猜测，并不能完全确定秦始皇到底是谁的儿子，但我们可以利用科学的方法来加以证明。

《史记》说赵姬"至大期时，生子政"，也就是说，秦始皇是到"大期"时才出生的。所谓"大期"，是指妇女足月分娩的日期。一般来说，大期是指 10 个月。

妊娠期（受孕后至分娩前的生理时期）一般为266天左右。为便于计算，妊娠通常是从末次月经第一天算起，足月妊娠约为280天。预产期的月份是末次月经所在的月份再加上9个月，预产期的日子是末次月经的第一天再加上7天。

过期妊娠是指妊娠期超过预产期14天（即妊娠期达到或超过294天）还没有生产。过期妊娠对婴儿有很大危害：

其一，死胎。胎盘具有一定的寿命期限，其作用是负责向胎儿提供营养物质和氧气，直到婴儿发育成熟。超过胎盘的寿命期限，胎盘的功能就会衰退、老化，无法正常给胎儿提供充足的营养物质和氧气，容易导致婴儿缺氧，造成胎儿窒息死亡。

其二，畸形。妊娠过程中，子宫内充满羊水，胎儿生活在羊水中。过期妊娠会导致羊水量减少。羊水过少时，子宫周围的压力会直接作用于胎儿，胎儿容易出现肌肉畸形、畸足，有时子宫直接压迫胎儿胸部，还会导致胎儿肺发育不全。羊水过少、黏稠，产道润滑不足，胎儿在分娩过程中下降受阻，致使产程延长，大大增加了胎儿的死亡率。

其三，体质差。过期妊娠容易出现难产，难产率是正常生产的2～4倍。即便婴儿成功产出，婴儿的智力也大都低下，并且在成长的过程中还会出现各种并发症。

如果秦始皇是赵姬怀孕12个月生下的，那么赵姬就属于严重的过期妊娠（超过预产期66天），先不说婴儿会不会胎死腹中，即便成功生下婴儿，这个婴儿也注定会是不健康的低能儿或畸形儿。但秦始皇却是一位文治武功都非常卓越的帝王，肯定不会是过期妊娠产下的婴儿。唯一的一种解释就是，秦始皇是赵姬十月怀胎生下的。

古代女性发现自己怀孕有两种方式：

一、停止月经。停止月经 10 天或 10 天以上，就很有可能是怀孕了。如果赵姬是根据"停止月经"来判断自己怀孕的，那么，从她嫁给子楚的时候算起，她必须在 8 个多月内生下秦始皇，但秦始皇是在"大期"内生下的，因此，可以说赵姬在遇到子楚时并没有怀上吕不韦的孩子。

二、出现早孕反应。一半左右的女性在停经 42 天左右会出现恶心、呕吐、畏寒、头晕、食欲不振、喜食酸物等症状。早孕反应比停经出现的时间还要再晚 42 天，如果赵姬是根据早孕反应来判断自己怀孕的，那么她必须在 7 个多月内生下秦始皇。由此来看，秦始皇就更不可能是吕不韦的儿子了。

因此，我们可以确定，秦始皇就是秦庄襄王的儿子。

为什么人们乐于说秦始皇是吕不韦的儿子呢?

明人王世贞在《读书后》中曾说："自古至今以术取富贵、秉权势者，无如吕不韦之秒且卑，然亦无有如不韦之巧者也。凡不韦之所筹策，皆凿空至难期，而其应若响。彼固自天幸，亦其术有以摄之。至于御倡而知其孕，必取三月进之子楚，又大期而始生政，于理为难信，毋亦不韦故为之说而泄之秦皇，使知其为真父而长保富贵邪? 抑亦其客之感恩者故为是以詟秦皇? 而六国之亡人侈张其事，欲使天下之人，谓秦先六国而亡也。不然，不韦不敢言，太后复不敢言，而大期之子，人乌从而知其非嬴出也。"

王世贞首先指出，吕不韦知道赵姬怀有身孕后必定会在三月（秦始皇正月出生，赵姬十月怀胎，往前倒推 10 个月，正是上一年的三月）将赵姬进献给子楚，得知赵姬怀孕至少需要 1 个月，但到"大期"时就生下了秦始皇，于情于理，都让人难以相信秦始皇是吕不韦的儿子。

随后，王世贞又提出了三个关于"秦始皇被说成是吕不韦之子"的观点，也是后世比较认可的三个观点：

第一，吕不韦可能是为了永葆富贵而故意让秦始皇误认为他是秦始皇的生父。细想之下，你会发现这种观点极其荒谬，因为如果秦始皇真是吕不韦的儿子，那么秦始皇为了确保自己王室血统的合法性，一定会杀人灭口。如果秦始皇不是吕不韦的儿子，他也一定会因为流言蜚语而厌恶并疏远吕不韦，吕不韦岂不是在作茧自缚吗？一切声称自己是皇帝生父的行为其实都是在自掘坟墓，又何来的永葆富贵呢？

第二，吕不韦是被秦始皇逼杀的，很有可能是受到吕不韦恩惠的门客为给秦始皇泼脏水而故意将其说成是吕不韦的儿子。吕不韦一生礼贤下士，所以身边才能聚集三千门客。吕不韦死后，也是门客偷偷将其下葬的。对此，秦始皇还曾下令说，凡吊唁吕不韦者，如果是六国之人就驱除出境；如果是秦国人，俸禄在六百石以上的就削除爵位并迁离旧居，六百石以下的迁离旧居。门客们有感于吕不韦的恩情，进而编造秦始皇是其子之说，也不是没有可能的。

第三，秦始皇灭掉六国，六国人对此耿耿于怀，于是便四处宣扬秦始皇是吕不韦的儿子，如此一来，便不是秦亡六国，而是六国先亡秦，因为吕不韦是卫国人，属于六国的范畴。这种观点也是多年来最为流行的一种。其中，元人陈栎曾在《历代通略》中说："人见秦灭于二世子婴耳，岂知嬴氏之秦已灭于吕政之继也哉。"明人梁潜也在《泊庵集》中说："秦之亡以吕政。"而这些不过是六国后人为了泄私愤而抹黑秦始皇的一种手段罢了。

.

荆轲是想刺死嬴政，还是想活捉嬴政？

荆轲因刺杀嬴政而一举成名，尽管行刺失败，但却让他名垂青史。多年来，人们一直认为荆轲是为了杀死嬴政而行刺的，但真相是这样的吗？

荆轲最初并不想行刺嬴政

荆轲之所以行刺嬴政，是受到了燕国太子丹的指使。太子丹行刺嬴政不单单是因为国仇，还因为私恨。

众所周知，嬴政的母亲赵姬是赵国人，而嬴政也出生于赵国。嬴政年少时，曾与同在赵国做人质的太子丹关系非常好。等到太子丹到秦国做人质的时候，嬴政已经继承王位，这时嬴政开始对太子丹表现得极不友好。太子丹心生怨恨，趁嬴政不备，便从秦国逃回了燕国。一回国，太子丹就想方设法报复嬴政。

当嬴政灭掉韩国并觊觎燕国之时，太子丹心急火燎地找到老师鞠武并向他寻求对策。鞠武建议说："向西与韩、赵、魏三国结盟，向南与齐、楚两国结盟，向北结交单于，然后再图谋秦国，我们才有胜算！"

太子丹太过急功近利，便说："老师，您的计划拖得太久，我心里烦躁，已经等不及了！"

鞠武窥探出太子丹的心思后，便将勇士田光推荐给了太子丹。

太子丹立刻去拜访田光。田光对太子丹说："骏马处于壮年的时候，可以日行千里，等到老了，却连劣等马都赶不上了。太子只知道我壮年时期的英勇事迹，却不知道我已经老了！我虽然无法与太子一起筹谋大事，但我的朋友荆轲却可以！"

太子丹临走时告诫田光说："我所讲的以及先生所说的都是国家大事，希望先生不要泄露出去！"田光俯下身，意味深长地笑了笑。

太子丹走后，田光立刻去见荆轲，并对荆轲说："我与您交好，燕国无人不知无人不晓。如今太子丹只知道我壮年时的英勇，却不知道我已经年迈。我不把您当外人，就把您推荐给了太子丹，希望您能进宫见一见太子丹。"

荆轲虽然意识到太子丹找自己绝非小事，但还是答应去见他。

田光继续说："太子丹告诫我说，不要把我与他的谈话泄露出去，他这是在怀疑我。一个人行事如果受到怀疑，他就算不得上是一个豪杰！请您代我告诉太子，就说我愿意以死明志！"随后，田光便拔剑自杀了。

田光死后，荆轲立刻去拜见太子丹。太子丹听说田光自杀的消息后，不禁失声痛哭。

哭罢，太子丹对荆轲说："田光先生不知道我不肖，才使我有幸见到您，这是上天怜悯燕国，不忍心抛弃我啊！如今秦王贪得无厌，不吞并六国不肯罢休。现在秦国已经俘虏韩王，灭掉韩国，又准备向南攻打楚国，向北逼攻赵国。秦王已命王翦率领几十万大军奔向漳水、邺城，命李信发兵太原、云中。赵国无法抵挡，必定臣服于秦国。赵国一旦臣服，祸患就会立刻降临到燕国的头上。燕国弱小，并且数次为秦军所困，不足以对抗秦军。诸侯畏惧秦国，都不敢提倡合纵。我私下有一计，如果能够派天下勇士出使秦国，以重利贿赂秦王，秦王贪得无厌，我们就能如愿以偿。倘若真能趁机劫持秦王，逼迫他归还诸侯们的土地，那就再好不过了！倘若不行，就杀掉他！秦将在外独揽兵权，一旦国内出现动乱，君臣之间就会互相猜忌，各国便可以趁机合纵抗秦！到那时，秦国便不足畏惧了！这是我最大的愿望，除了先生之外，我不知道委托给谁，还希望先生能够考虑一下！"

荆轲沉默良久，然后婉言拒绝道："这是国家大事，荆轲才能低下，恐怕不能胜任！太子还是另请高明吧！"

太子丹见荆轲不愿接受，便"扑通"一声跪倒在地，不停地叩头，苦苦哀求荆轲。荆轲心生怜悯，最终答应了太子丹。

刺杀嬴政，无论成功与否都是九死一生。太子丹为回报荆轲，让他每天都住在豪华的宫殿里，吃山珍海味，还时常提供美女供他享乐。

荆轲行刺前做了哪些准备？

等到秦军攻破赵地并俘虏了赵王之后，便逼近了燕国南部边境。太子丹见荆轲依然没有行动的意思，便有些失望地对荆轲说："秦军须臾之间便可渡过易水，到那时燕国离灭亡就不远了。我虽然想要长久地侍奉先生，但我又怎么能做得到呢？"

"即便太子不说，我也会请求行动。但如果现在贸然前去，秦王必定不会轻易相信我们。"荆轲话锋一转，"秦王悬赏千金、封万户侯来捉拿樊於期将军，倘若我能将樊将军的人头和督亢的地图献给秦王，秦王一定会高兴地接见我，到那时我就可以趁机刺杀秦王了！"

太子丹有些难为情地说："樊将军在穷途末路的时候才来投奔

我，我怎么能因为自己的私事而伤害长者呢！先生还是再想想别的办法吧！"

荆轲见太子丹坚持，便背着太子丹私下去见樊於期，并对樊於期说："秦国对待将军可谓是残忍至极，不但屠杀了将军的父母和宗亲，还花千金悬赏将军的人头，不知道将军有何打算呢？"

樊於期长叹一声，泪流满面地说："我每当想到这些的时候，就会痛彻骨髓，但是始终想不出报仇雪恨的办法啊！"

"我有一计不但能够帮助燕国消除战祸，还可以帮将军报仇，不知道将军是否愿意一听？"荆轲说。

樊於期询问计策，荆轲说："我希望能够得到将军的人头并把它献给秦王。秦王听说我要将您的人头献给他，他一定会亲自接见我。到那时，我左手抓着他的衣袖，右手将匕首插进他的胸膛，如此一来，将军的大仇就可以报了！不知道将军意下如何？"

樊於期捋起衣袖，露出臂膀，用一只手紧抓另一只手，对荆轲说："这是我日思夜想的切齿的仇恨！为我全家报仇的事情就拜托先生了！"说罢，樊於期拔剑自杀了。太子丹听说后，悲痛不已。随后，他命人将樊於期的人头密封在匣子内并交给了荆轲。

不久，太子丹花费百金购得一把锋利无比的匕首，并让工匠用剧毒淬炼。为确保万无一失，太子丹还拿活人做实验。凡是被匕首刺伤的人都会当场毙命。此外，太子丹还为荆轲选派了一位名叫秦舞阳的勇士给他当助手。据说，秦舞阳十三岁时就杀过人。

荆轲原本打算等另外一位朋友一同前去，但由于对方住得比较远，所以耽误了行程。

太子丹见荆轲迟迟不肯动身，便认为荆轲胆怯了，所以激荆轲说："时日不多了，但先生还没有动身，请允许我派秦舞阳先行一步！"

荆轲大怒，斥责太子丹说："太子，你这是几个意思啊？只顾匆匆前往却不顾能不能顺利完成任务，这样做也太鲁莽了吧！更何况是怀揣一把匕首进入凶险难测的强秦呢！我之所以还没有出发，是因为我在等朋友！既然太子认为我有意拖延时间，那我现在就告辞吧！"于是，荆轲便与秦舞阳一道出发了。

在易水旁，太子丹及其宾客都身穿白衣、头戴白帽为荆轲送行。一路上，高渐离击筑，荆轲跟着节拍引吭高歌道："风萧萧兮易水寒，壮士一去兮不复还！"众人闻声，无不垂泪。

荆轲是想刺死嬴政，还是活捉嬴政？

一到秦国，荆轲便用千金贿赂嬴政的宠臣蒙嘉。蒙嘉对嬴政说："燕王畏惧大王的天威，不敢与大王作对。燕国愿意做大王的藩国，像郡县一样向秦国纳贡。但由于害怕，不敢亲自前来，所以派荆轲提着樊於期的人头并献上燕国督亢的地图。临行前，燕王还在朝堂上举行了送别仪式，并派荆轲把此事禀报给大王，敬请大王的指示。"

嬴政不知道其中有诈，所以非常高兴，甚至还穿上礼服，按照九宾仪式，在咸阳宫召见荆轲。

荆轲双手捧着装有樊於期人头的木匣子，秦舞阳双手捧着地图，两人一前一后地走进了咸阳宫。当走到殿前的台阶下时，秦舞阳吓得脸色苍白，浑身发抖。秦国君臣对此感到非常惊奇。

荆轲笑着对嬴政说："北方蛮夷之地的人没有见过世面，所以才会被吓成这样！希望大王能够见谅，让他完成自己的使命。"

嬴政一门心思都放在了地图上，所以并没有察觉有任何异常，便命荆轲献上地图。荆轲从秦舞阳的手中取过地图，大步流星地走到嬴政身边并献上地图。嬴政一边打开地图，一边欣赏督亢的地形，但当他打开到地图尽头的时候，突然惊现一把寒光闪闪的匕首。

荆轲眼疾手快，左手扯住嬴政的衣袖，右手抓起匕首，猛地刺向嬴政。

嬴政大吃一惊，抽身跳起，以至于衣袖都被挣断了。他一边逃，一边想要拔剑对抗荆轲，但剑太长，怎么拔都拔不出来。嬴政无奈，只好绕着宫殿一路狂奔，而荆轲则紧追不舍。正在千钧一发之际，有一位侍从提醒嬴政说："把剑推到背后！把剑推到背后！把剑推到背后！"重要的话说三遍之后，嬴政听从侍从的建议成功地拔出了宝剑。有了宝剑，形势很快反转，嬴政不再逃跑，而是直接迎击荆轲，荆轲只有一把小匕首，无力抵抗，左腿被砍断。

此时，荆轲已经无力站起，只好痛苦地蹲在地上。但他并不准备坐以待毙，于是举起匕首狠狠地甩向嬴政，但并未击中。

嬴政大怒，拿起宝剑对着荆轲一阵狂砍，结果，荆轲身上被砍伤八处。

据《史记·刺客列传》记载："轲自知事不就，倚柱而笑，箕踞以骂曰：'事所以不成者，以欲生劫之，必得约契以报太子也。'"意思是说，荆轲知道行刺无法成功了，就蹲在地上大骂说："大事之所以没有成功，是因为我想活捉你，迫使你订立归还诸侯们土地的契约来回报太子！"

由此来看，荆轲其实并非想要杀死嬴政，而是想要活捉嬴政，然后胁迫嬴政交出诸侯们那些被占领的土地，因为荆轲心知肚明，即便杀掉嬴政，秦国只不过是暂时失去一位君主，而秦国群臣也会毫不犹豫地另立君主，这并不能阻止秦国吞并天下的趋势。

秦汉三国篇:

以讹传讹

秦始皇坑杀的是儒生，还是术士？

秦始皇作为千古一帝，一生饱受争议。其中争议最大的莫过于焚书坑儒。焚书钳制了人们的思想，开启了思想大一统的"愚民时代"，这是不争的事实，但秦始皇有没有"坑儒"呢？

秦始皇为什么要"坑儒"？

秦始皇之所以"坑儒"，与炼制"长生不老药"有很大关系。

秦始皇三十五年（公元前 212 年），术士侯生对术士卢生说："皇帝为人刚猛暴戾，自以为是，由一个诸侯兼并天下，自以为功过三皇五帝，无人能及，实在是太狂妄了！"

卢生说："是啊，他身边虽然设有七十位博士，但这些人只不过是做做样子而已，就连丞相与其他大臣也不得不完全依照他的旨意办事！他喜欢用严刑峻法来维持尊严，结果导致各级官吏都害怕获罪，因此没有人敢说真话、尽忠心。他发现不了自己的过错，就会变得更加骄纵！"

侯生叹息一声说："唉，他还对我们这些术士规定，每个术士只能从事一种方技，一旦这种方技不灵，就会处死这位术士。我们这是过了今天，不知道还有没有明天啊！"

"你看那些观测云气的术士，虽然有三百多人，也都是正直人士，但由于畏惧他，所以只能一味地拍他马屁，不敢说他的过失。" 051

"这还不算什么。他规定每晚批阅的公文都要达到一定的量，达不到就不睡觉。一个人贪恋权势到这种程度，怎么可能为他找到长生不老药呢！"

当晚，侯生和卢生商量说，不能再把脑袋别在裤腰带上给秦始皇炼药了，所以他们就悄悄地溜出了咸阳。

秦始皇听说侯生和卢生不但擅自潜逃，还在自己背后嚼舌头，非常愤怒。他对大臣说："前不久，我刚把那些乱七八糟的书籍全部焚烧，我之所以还招一些文学士和术士，是想让他们辅助我建立太平盛世。术士许诺我说，可以找到长生不老药，但韩众一去不返，徐福等人花费上亿的钱财都未能找到，反倒是一个个为非作歹的消息不断地传到我的耳边。我对侯生、卢生等人赏赐颇为丰厚，但他们竟然在背后诽谤我，损害我的名声。我派人调查过住在咸阳的这些人，有人制造谣言，蛊惑百姓。"于是，秦始皇"使御史悉案问诸生，诸生传相告引，乃自除犯禁者四百六十余人，皆坑之咸阳，使天下知之，以惩后"。（《史记·秦始皇本纪》）

"坑儒"后，秦始皇变本加厉地发配罪犯，将他们举家迁往边塞。长子扶苏实在看不下去了，就劝谏秦始皇说："天下初定，远方黔首未集，诸生皆诵法孔子，今上皆重法绳之，臣恐天下不安，唯上察之。"（《史记·秦始皇本纪》）

"坑儒派"恰恰抓住"诸生皆诵法孔子"断定"诸生"就是指儒生。但反对者认为，这根本就无法证明秦始皇坑杀的是儒生，只能说明扶苏认为秦始皇刑罚过重与孔子学说背道而驰，不利于笼络民心而已。

秦始皇坑杀的到底是儒生，还是术士？

与"坑儒派"相对立的则是"坑术派"，他们认为秦始皇坑杀的都是坑蒙拐骗的术士。

据《史记·儒林外传》记载："及至秦之季世，焚诗书，坑术士，六艺从此缺焉。"此外，东汉学者王充在《论衡·贤难》中提到"此亡秦之所以诛偶语而坑术士也！"。东汉著名史学家班固亦在《汉书·儒林传》中提到"至秦始皇兼天下，燔《诗》、《书》，杀术士，六学从此缺矣"。这些史籍一致认为秦始皇坑杀的是术士。

先不论是"坑儒"，还是"坑术士"，我们先来看看"坑儒"一词最先出自何处。其实，它最早出自西汉经学家、孔子第十一世孙孔安国为《古文尚书》作的序："及秦始皇灭先代典籍，焚书坑儒，天下学士逃难解散。"

据《汉书·艺文志》记载："《古文尚书》者，出孔子壁中。武帝末，鲁共王坏孔子宅，欲以广其宫，而得《古文尚书》……孔安国者，孔子后也，悉得其书。"

但后来，《古文尚书》失传了。到了东晋，豫章内史梅赜不知道从何处得到《古文尚书》，并将它捐献出来。然而，宋、元、明、清四个朝代的学者们都认为，《古文尚书》"尽为后儒伪作"。

近年来，专家们在清华大学收藏的战国竹简中发现了失传多年的《尚书》，并证实现今传世两千多年的《古文尚书》确系伪书。此外，孔安国是司马迁的古文经学老师，倘若孔安国认定秦始皇曾有"坑儒"之举，作为一向严谨的史学家，司马迁又怎会将"坑儒"一事记成"坑术士"呢？再者说，秦始皇焚书坑儒之时离司马迁生活的年代不过120年，难道在这120年间，秦始皇曾"使天下知之，以惩后"的"坑儒"惊天大事就随历史的烟云而消散了？

其实，西汉年间并不存在"坑儒说"。曾在秦朝做过博士并传授《古文尚书》的伏生、担任过秦汉两代博士的叔孙通以及秦时为御史入汉当丞相的张苍等人均未提及秦始皇"坑儒"一事。就连因《过秦论》而闻名天下的西汉政治家贾谊也只是说秦始皇"废先王之道，焚百家之言，以愚黔首；隳名城，杀豪杰；收天下之兵，聚之咸阳，销锋镝，铸以为金人十二，以弱天下之民"，其中也仅仅是提到秦始皇"焚百家之言"，并未提到"坑儒"。

实际上，"坑儒说"起源于东汉并盛行于唐代。东汉学者卫宏在《诏定古文官书序》中还绘声绘色地"描绘"了秦始皇"坑儒"的整个过程：秦始皇焚书后，担心天下儒生不服从他所制定的法律，于是便从全国召集了七百儒生，并皆拜为郎中。随后，他偷偷派人到骊山中带有温泉的山谷里去种瓜。待瓜熟蒂落之后，他问儒生说，冬天能够结出瓜来吗？儒生们有的说可以，有的说不可以，双方为此吵得不可开交。于是，秦始皇就让他们去骊山实地考察。当儒生们到达时，秦始皇让人用藏在两旁的"推土机"，将他们活埋在骊山下。尽管故事编得乏善可陈，但却在唐代广为流传。一传十，十传百，一直传到今天，便让一生充满争议的秦始皇坐实了"坑儒"之事。

综上所述，我们可以得出结论：秦始皇坑杀的并非是儒生，而是术士。当然，我们也不能以偏概全地认定这些被坑杀的人中没有个别为非作歹的儒生。

针对饱受诟病的"坑儒"一事，梁启超先生却深表赞同："坑儒之事，所坑者咸阳四百余人耳。且祸实肇自方士，则所坑者什九皆当如汉时文成、五利之徒，左道欺罔，邪诡以易富贵，在法宜诛也……始皇一坑正可以扫涤恶氛，惩创民蠹，功逾于罪也。"

项羽有没有火烧阿房宫？

公元前 206 年，秦王子婴投降，项羽率领诸侯联军进入咸阳，劫掠珍宝妇女之后，将秦宫付之一炬，大火整整燃烧了 3 个月。两千多年来，人们一直认为，素有"天下第一宫"之称的阿房宫也是在此时被项羽烧毁的，但事实是这样的吗？

阿房宫的规模有多大？

秦始皇三十五年（公元前 212 年），秦始皇认为咸阳人口众多，历代先王的宫廷过于狭小，所以想修建一座规模宏大的朝宫。他认为，周文王建都于丰，周武王建都于镐，丰镐之间，正是建都的最佳位置，所以就在渭水南岸的上林苑大肆兴建朝宫。在修建朝宫期间，最先建造的则是前殿的阿房宫。

据《史记·秦始皇本纪》记载："（阿房宫）东西五百步，南北五十丈，上可以坐万人，下可以建五丈旗。周驰为阁道，自殿下直抵南山。表南山之巅以为阙。为复道，自阿房渡渭，属之咸阳，以象天极阁道绝汉抵营室也……隐宫徒刑者七十余万人，乃分作阿房宫，或作骊山。"事实上，阿房宫遗址远比《史记》记载的要大，总面积达 14 平方千米，可分为两大建筑群：前殿建筑群和"上天台"建筑群。

阿房宫原本只是朝宫前殿的名字，秦始皇打算在朝宫完全建成之后，再"更择令名名之"，但后来由于尚未竣工，秦始皇便去世了，所以天下人就将朝宫称为阿房宫。

阿房宫有没有被烧毁？

人们之所以认为项羽曾经火烧阿房宫是因为唐代诗人杜牧在《阿房宫赋》中曾写道："六王毕，四海一，蜀山兀，阿房出……楚人一炬，可怜焦土！"不过，也有人认为，《阿房宫赋》不过是杜牧借古讽今的文学之作，并不能证明项羽曾经火烧阿房宫。

针对阿房宫到底有没有被烧毁的疑问，阿房宫考古队曾对阿房宫前殿近 20 万平方米的勘探面进行勘察，每平方米内打 5 个钻孔，发掘面积高达 1000 平方米，却并没有发现一处被大火焚烧过的遗迹。

为进一步验证，考古队还将样土带回实验室进行检测。如果阿房宫曾被大火焚烧，样土中一定会留下厚厚的灰烬层，灰烬层中会有很多尚未完全燃烧的木炭和细小的炭化木屑。在显微镜下观察，可以看到成千上万个形状不一的炭化木屑。但经过检测发现，样土中只有二三十个炭化木屑。

从阿房宫"被烧毁"至今，时间间隔长达两千二百多年，焚烧的痕迹会不会因为年代久远而消失殆尽了呢？针对这个疑问，考古队对同时期被烧毁的咸阳宫进行勘探时，却发现了大片的红烧土遗迹。此外，与阿房宫建造年代相差无几的长乐宫在东汉末年被焚毁时，同样留下了明显的焚烧痕迹，但阿房宫遗址处却没有留下任何大火焚烧的痕迹。由此来看，阿房宫并没有被烧毁。

项羽进入咸阳后，史籍又是如何记载的呢？

《史记·项羽本纪》记载："居数日，项羽引兵西屠咸阳，杀秦降王子婴，烧秦宫室，火三月不灭……项王见秦宫皆以烧残破，又心怀思欲东归，曰：'富贵不归故乡，如衣绣夜行，谁知之者！'"

《史记·秦始皇本纪》记载："项籍为从长，杀子婴及秦诸公子宗族。遂屠咸阳，烧其宫室，虏其子女，收其珍宝货财，诸侯共分之。"

《汉书》记载："怀王约入秦无暴掠，羽烧秦宫室，掘始皇帝冢，收其私财……"

无论是《史记》还是《汉书》，其实都没有明确记载项羽曾经火烧过阿房宫，不过是说项羽火烧了秦宫而已。虽然阿房宫属于秦宫，但也无法证明阿房宫就被烧毁了。

项羽火烧秦宫完全是出于国仇家恨。以项羽的性格，在焚烧宫殿的时候，也肯定不会放过阿房宫。那么，项羽为什么没有火烧阿房宫呢？唯一的解释就是阿房宫并未建成。考古队认为，阿房宫只建成了前殿的地基。在阿房宫遗址内曾发现60多处夯土基址，并且有些夯土基址还没有建成。

我们再来看看，阿房宫有没有足够的时间建成：

阿房宫始建于公元前212年。

秦始皇三十七年七月（公元前210年），秦始皇去世，劳役全部被征发到骊山下为秦始皇修建皇陵，阿房宫被迫停工。

秦二世元年四月（公元前209年），秦二世认为"先帝为咸阳朝廷小，故营阿房宫为室堂。未就，会上崩，罢其作者，复土骊山。骊山事大毕，今释阿房宫弗就，则是章先帝举事过也。"于是，继续修建阿房宫。

同年七月，陈胜、吴广起义。几个月后，秦二世大赦天下，命大将军章邯率领劳役镇压起义。阿房宫基本上再次停工。

事实上，阿房宫修建的时间不足3年。70万名劳役用3年的时间根本就无法建造起一座规模庞大的宫殿。也就是说，阿房宫并未建成，只建造了前殿的部分地基。地基是由夯土建造的，大火根本无法焚烧。说项羽曾经焚烧过尚未建成的阿房宫则纯属无稽之谈。

057

韩信因谋反罪被杀到底冤不冤？

韩信曾为大汉帝国立下汗马功劳，可以说，大汉帝国三分之二
的领土都是韩信打下来的。然而，就在刘邦称帝之后不久，韩信便
以"谋反罪"被诛杀。事实上，如果韩信真想造反，曾经有很多次
机会都可以造反，也不至于沦落到如此地步，所以也有人认为韩信
并未谋反。那么，韩信之死到底冤不冤呢？

无罪却被降为淮阴侯

项羽被灭后，刘邦立刻夺取了韩信的军权，然后将韩信从齐王
改封为楚王。韩信是楚国人，改封为楚王也无可厚非，但出人意料
的是几个月后竟然就有人上疏告发韩信谋反，更加出人意料的是刘
邦竟然相信了。

刘邦问诸将应该如何处置韩信，诸将纷纷表示："发兵打他丫
的，捉到就地活埋！"

刘邦又问陈平。陈平为人圆滑，不愿发表意见，就反问刘邦
说："其他人都怎么说？"

刘邦据实相告，陈平问："有人告发韩信谋反，外人知道吗？"
刘邦摇摇头。

陈平又问："韩信知道有人告发他谋反吗？"刘邦又摇摇头。

"陛下的将领都不如韩信，军队又不如楚军，却想要攻打楚国，

这摆明是想逼着韩信攻打我们嘛！"陈平接着建议说，"古时候天子巡视四方，都有会见诸侯的习惯。陛下只要假装巡视云梦泽，并在陈县召见诸侯。韩信听说陛下怀着善意出游，就会认为不会发生意外，然后到郊外拜见陛下。到那时，陛下只需要派一名武士便可以擒获韩信！"

韩信听说刘邦要到楚国巡游，害怕被擒，想起兵造反，但自认为无罪，又想去觐见刘邦。就在犹豫不定的时候，有人向韩信建议说："杀掉钟离眜，陛下一定高兴，就不会为难您了！"

钟离眜是项羽麾下大将，与韩信是故交，曾多次向项羽举荐韩信，不过项羽始终没有重用韩信。项羽败亡后，刘邦派人四处捉拿钟离眜，钟离眜只好去投奔韩信，并被韩信藏于楚国。

韩信为了自身安全，决定牺牲掉老朋友。钟离眜指责韩信说："汉王之所以不攻打楚国，就是因为我在你这里！没想到如今你却想抓我取悦汉王！如果我今天死了，你离死期也不远了！"说罢，钟离眜含恨自杀了。

韩信胸有成竹地提着钟离眜的人头去陈县拜见刘邦。一到陈县，就被武士给捆了起来。

韩信仰天长叹说："果然像人们所说的那样，'狡兔死，走狗烹；飞鸟尽，良弓藏；敌国破，谋臣亡'。如今天下已经平定，我本来就该被烹杀啊！"

刘邦看着悲愤的韩信，只是淡淡地回了句："有人举报你谋反！"

随后，韩信被押送到了洛阳。到达洛阳后，刘邦赦免了韩信，并将他降为淮阴侯。

由此可见，刘邦并没有查到韩信谋反的任何证据，不然韩信早被诛杀了，何至于被降为淮阴侯呢！刘邦仅仅凭借有人举报，不加

详查，就将韩信擒到洛阳，这恐怕只是诛杀异姓诸侯王的一个
开端。

韩信是如何被杀掉的？

陈豨是刘邦的心腹之臣，被刘邦封为列侯，并以赵国相国的身份统领赵国、代国边境的军队。

按照《史记》记载，陈豨在上任前，曾向韩信辞行。韩信屏退左右侍从，对陈豨说："将军统领天下精兵强将，又深受陛下宠信，一旦有人告发将军谋反，陛下起初一定不会相信。再有人告发，陛下就会怀疑。第三次告发，陛下就会大怒并亲自率兵讨伐。如果真有那天，我愿为将军在京城做内应，天下便唾手可得了！"

陈豨深知韩信善于用兵，对此深信不疑，便回答说："一切听从您的指教！"

陈豨在外领兵期间，礼贤下士，大量结交宾客。每次回乡，他都会带着一千多辆装满宾客的车子路过赵国，这些宾客住满邯郸官舍。待陈豨回到代国后，赵相周昌立刻进京觐见刘邦，并将陈豨豢养宾客的事全部汇报给了刘邦，还提醒刘邦说："陈豨在外统兵多年，恐怕会生出变故！希望陛下早作打算！"

刘邦开始怀疑陈豨，并派人调查陈豨的宾客，结果发现这些宾客有诸多违法乱纪的事，并且很多都牵连到了陈豨。陈豨害怕被杀，便生出谋反之心。

汉高祖十年（公元前197年）七月，刘邦的父亲刘太公去世，刘邦召陈豨进京，陈豨托病，不敢前往。同年九月，陈豨便公然起兵造反并自立为代王。

据《史记》记载，韩信听说刘邦亲自率军讨伐陈豨后，与家臣

商议，打算夜间假传诏书赦免在各个官府服役的囚徒和奴隶去攻打吕后和太子。正当韩信等待陈豨的消息时，韩信的一位门客得罪了韩信，韩信将其囚禁，准备杀掉。门客的弟弟为了救哥哥，所以向吕后告发了韩信。

　　吕后便与萧何商议，诈称陈豨已被诛杀，邀请群臣前来庆祝。韩信担心有诈，便托病不去。萧何亲自赶到淮阴侯府中劝韩信说："即便有病，也要打起精神去庆祝！"韩信见推辞不掉，只好硬着头皮去长乐宫参加宴会，但刚踏进长乐宫的门，就被捆了起来。随后，韩信就被吕后杀死在钟室中了。

韩信会造反吗？

　　项羽与刘邦在荥阳僵持不下时，韩信便成了刘、项胜败的关键。于是，项羽派武涉游说韩信说："您自认为与汉王交情深厚，愿意为他拼死效力，但恐怕那只是您的一厢情愿，您迟早会被他擒获。您之所以还能活到今天，就是因为项王还存在。如今二王的胜败，完全取决于您！您偏向汉王，汉王就会获胜；您偏向项王，项王就会获胜。不过，我要提醒您，项王今日灭亡，您将会随之灭亡。您曾与项王有交情，为什么不叛汉联楚三分天下呢？"

　　韩信回答说："我侍奉项王的时候，官位最大不过是个郎中，项王对我言不听，计不从，所以我才会叛楚投汉。汉王任命我为上将军，让我统领数万兵马，脱下自己的衣服让我穿，把最好的食物送给我吃，对我可谓是言听计从，所以我才有今天！人家对我信赖有加，我怎么能背叛他呢？即便是死，我也不会背叛他！"

　　武涉走后，谋士蒯通又劝韩信说："您俘虏魏王豹，生擒夏说，诛杀成安君，平定赵地、燕地、齐地，诛杀龙且，摧毁楚军20万人，功劳可谓是天下第一。如今您拥有震慑君主的威势，挟持无法封赏的功勋，归楚楚人不信任，归汉汉人惊恐。您带着如此巨大的声威，又将在何处安身立命呢？身为人臣却功高震主，名高天下，如果不脱离汉王，迟早会有杀身之祸！"韩信依然不听。

韩信虽然是以谋反罪被杀，但说韩信谋反却有多处疑点：

疑点一：韩信善于用兵，此前已攻破魏国、赵国、燕国，此时被封齐王，又占据齐国，即便不联合项羽，想要三分天下，也轻而易举。再加上楚军与汉军长期对峙，两军已是疲惫不堪，根本腾不出精力和时间对付韩信，此时正是韩信反叛刘邦的最佳时机，但韩信并没有选择造反。恰恰说明，韩信对刘邦极其忠诚。

疑点二：刘邦曾经两次夺取韩信的军权。第一次是在项羽围困成皋之时。当时刘邦从成皋逃出，以使者的身份闯进韩信的大营，趁韩信熟睡之时夺取了韩信的军权，并将韩信的精兵全部带走了。第二次是在刘邦灭掉项羽之后。凭借韩信的聪明才智，他不会不知道刘邦猜忌他。尽管如此，作为诸侯王，韩信仍旧没有造反，还亲自到陈县去拜见刘邦，才导致他被刘邦生擒。

疑点三：刘邦将赵地和代地边境的精兵悉数交于陈豨统领，可见刘邦对陈豨是极其信任的。既然如此，当陈豨到淮阴侯府拜见韩信的时候，已是惊弓之鸟的韩信敢对陈豨轻易说出谋反之类的话吗？再者说，刘邦志在诛杀异姓诸侯王，而陈豨不过是诸侯国的一个相国，韩信又怎么知道陈豨日后就一定会谋反呢？

疑点四：古往今来，凡是想要造反的人，势必都会将矛头对准最高统治者，但韩信造反却将矛头指向了吕后与太子。杀掉吕后与太子，刘邦不过是失去一位妻子和一个儿子，但他后宫还有很多妻儿，这对韩信并没有任何好处。而对韩信而言，最为有利的莫过于逃出京城，摆脱刘邦的控制，与陈豨会合，招兵买马，攻打刘邦，而不是发动一些毫无战斗力的奴仆去进攻精兵强将把守的皇宫。

疑点五：告发韩信谋反的是其门客的弟弟。当时，韩信要杀门客，所以其弟才会告发韩信谋反。门客的弟弟想要救哥哥，污蔑韩信谋反也不是不可能的事。再说了，谋反这种如此机密的事韩信让不让门客知道还很难说，又怎么可能让门客的弟弟知道呢？

疑点六：在尚未找到确切证据证明一位诸侯王谋反的情况下，不经审查，便直接杀掉，不得不让人怀疑这是一场早已设计好的谋杀。

如此多的可疑之处足以让我们相信韩信其实并没有谋反之心。那么，吕后为什么要杀韩信呢？这与大汉建国初期既定的国策有关，那就是消灭异姓诸侯王，巩固刘姓江山。而韩信是建功最多、威望最高的异姓诸侯王，所以才会率先拿他开刀。

韩信为大汉立下不世之功，如果没有得到刘邦的应允，吕后敢私自诛杀韩信吗？我们先来看看吕后是如何除掉梁王彭越的。

韩信死后不久，有人诬告彭越造反，刘邦将彭越贬为庶民并发配到蜀地。途中，遇到了吕后。彭越原本想让吕后代他向刘邦求情，让自己返回故乡昌邑，但吕后假装答应了他，然后将他骗回洛阳，并趁机劝刘邦将其杀掉，以除后患。吕后连彭越都不敢擅自诛杀，怎么敢擅自诛杀韩信呢？

那么，吕后为什么会选择在刘邦离开京城之后对韩信动手呢？这恐怕是刘邦事先布好的局。由吕后对韩信下手，刘邦就不必再背负诛杀功臣的不义之名，因此，我们可以推断吕后诛杀韩信应当是受到了刘邦的指使。

司马相如与卓文君，是真爱还是骗局？

司马相如与卓文君的爱情故事可谓是千古传颂，他们为爱私奔的故事也激励了不少追求真爱的少男少女。卓文君深爱着司马相如是毋庸置疑的，但司马相如也同样深爱着卓文君吗？

司马相如与卓文君是如何相爱的？

司马相如，字长卿，蜀郡成都人。他年少时特别喜欢读书与击剑，由于仰慕战国时期赵国的上卿蔺相如，所以就把名字改成了司马相如。

司马相如最初担任了一个郎官，后来又做了武骑常侍，但这些都不是他喜欢的工作。司马相如平时比较喜欢吟诗作赋，但汉景帝却不喜欢。人生最大的悲哀其实不是自己的才华配不上自己的野心，而是自己的才华配得上自己的野心但却找不到施展才华的平台。所以，司马相如每天都特别消沉。有时候，他特别想裸辞，然后来一场说走就走的旅行。不过，没过多久，司马相如终于找到了人生的方向。

一次偶然的机会，梁孝王带着六批游说之士来京城朝见汉景帝。司马相如与这些游士一见如故，于是给汉景帝写了一封辞职信，信上的大致内容是：梁国那么大，我想去看看。然后，他跟着梁孝王离开了京城。

司马相如文采斐然，深受梁孝王的器重。梁孝王让他与那些善于辞令的游士一同居住，互相学习。没过几年，司马相如便写下了闻名天下的《子虚赋》。

后来，梁孝王去世，司马相如不得不返回成都老家。以前，司马家非常富有，但此时已经家道中落，一贫如洗。临邛县县令王吉与司马相如一向交好，王吉就对司马相如说："长卿，你长期漂泊在外，又没能求得一官半职，不如来我这试试吧！我在城内已经给你准备了一个小亭子，你可以直接拎包入住！"于是，司马相如就去了临邛。

王吉每天都会去拜访司马相如。最初，司马相如还以礼相待，但日子久了，就推托有病，拒绝接待。王吉见司马相如不肯接见，不但不恼怒，反而还对司马相如更加恭敬。

临邛县遍地都是富豪，而卓王孙家在临邛称得上是首富。卓王孙与另一位富豪程郑听说县令有一位贵客，于是便商量说："我们筹办一场丰厚的酒宴款待一下县令的贵客如何？"两人一拍即合，当即决定在卓王孙家举办一场酒宴，然后派人去邀请县令与司马相如。

县令受邀来到卓王孙家时，已经聚集了上百位客人，而司马相如却推托有病，不肯赴宴。县令见司马相如没来，不肯进食，而且亲自去邀请司马相如。司马相如拗不过县令，只好前来赴宴。

酒酣之时，县令抱着一把古琴走到司马相如跟前，对司马相如说："我听说长卿特别喜欢弹琴，为大家弹奏一曲助助兴如何？"司马相如接过古琴，便弹奏起来，琴声悠扬，动人心弦。在场的宾客纷纷给司马相如点赞。

卓王孙有一个女儿叫卓文君，丈夫去世多年，一直寡居在家。卓文君特别喜欢听歌，当她听到有人在弹琴的时候，便偷偷从门缝里往外观看。她瞬间被司马相如的琴声所吸引，并对司马相如心生爱慕之情。

酒宴结束后，司马相如便贿赂卓文君的婢女，让婢女代他向卓文君转达自己的爱意。卓文君万万没有想到的是，幸福来得太过突然了。自己喜欢的人也正好喜欢着自己，这应该就是世间最美好的爱情了吧！因为担心父亲阻止他们在一起，卓文君决定与司马相如私奔。

两人私奔到司马相如的老家后，卓文君傻眼了！她发现司马相如家徒四壁，空无一物。卓文君对司马相如说，即便他没钱没车没房没钻戒，但她有颗陪他到老的心。而司马相如说，即便她没胸没脸蛋，他也要让她做他的新娘。

卓王孙听说女儿跟司马相如私奔后，悔恨自己不该引狼入室。他对外宣称说："女儿不自重，竟然做出这种伤风败俗的事儿，我虽不忍心杀她，但也决不会给她一毛钱！"有人劝卓王孙接济一下卓文君与司马相如，但卓王孙就是不听。

卓文君从小生活在丰衣足食的大户人家，自从跟随司马相如私奔到成都之后，整天过着食不果腹的日子。卓文君闷闷不乐地向司马相如建议说："亲爱的，你与我一同到临邛向我的兄弟借点钱也可以维持生活，何至于让自己穷困潦倒成这样呢？"

司马相如的自尊心非常强，张不开嘴向别人借钱，只好卖掉了自己的车马，然后买下一家酒楼，以卖酒为生。

司马相如让卓文君在炉前卖酒，自己身穿牛鼻围裙，与雇工们一起在街市洗涤酒器。

卓王孙听说女儿整天像个"小姐"似的在外面拉客卖酒，感到没脸见人，所以整天闭门不出。

有人就劝卓王孙说："你有一儿两女，家中又不缺钱。现在，卓文君与司马相如已经生米做成了熟饭，你再反对有什么用啊？司马相如虽然是个穷书生，但却是个有才的书生。俗话说，得书生者得天下！你可不能小看这帮书生！更何况他还是县令的贵客呢！"

卓王孙感觉自己再不把卓文君与司马相如召回临邛，自己的老脸迟早会被他们丢光，于是便命人将他们请回了临邛。随后，卓王孙还赠给他们一百个奴仆，一百万钱财，还将卓文君出嫁时的衣物全部还给了卓文君。一贫如洗的小夫妻从此过上了富人的生活，而司马相如也成功实现了逆袭。

司马相如追求卓文君是不是骗局呢？

据《史记·司马相如列传》记载，当司马相如被县令请到临邛时，县令"缪为恭敬，日往朝相如"。也就是说，县令是假装对司马相如恭敬的，所以才会每天都去拜会司马相如，这不过是抬高司马相如身价的一种策略。

此外，《史记·司马相如列传》还明确记载道："是时卓王孙有女文君新寡，好音，故相如缪与令相重，而以琴心挑之。"意思是说，卓文君喜欢音乐，所以司马相如才会与县令假装互相敬重，然后用琴声挑逗卓文君，这也是"司马相如琴挑卓文君"故事的由来。

众所周知，在古代，女子很少抛头露面。而司马相如常年旅居于梁国，后来才搬到临邛，他能见到卓文君的机会可谓是微乎其微。当初，卓王孙邀请司马相如到卓府参加酒宴，卓文君也不过是躲在房间从门缝中偷偷看到司马相如的，司马相如又怎么能通过门缝看到卓文君呢？作为一个满腹才华并且有远大抱负的人，司马相如又岂会轻易喜欢上一个素未谋面的女人呢？

由此可见，这的确是司马相如为追到卓家千金而设下的一场
骗局。

对此，西汉末年的文学家扬雄也认为"司马长卿窃赀于卓氏"，
而隋朝时期的文学家颜之推则在《颜氏家训》中评价说："司马长
卿，窃赀无操。"

司马相如骗到卓文君后是如何对待卓文君的？

司马相如与卓文君回到临邛不久后，汉武帝无意间读到了司马
相如的《子虚赋》，对司马相如大加赞赏，并召见了司马相如。司
马相如又为汉武帝写下了《天子游猎赋》，汉武帝一高兴，便给司
马相如封了个郎官。

据说，司马相如担任郎官不久，便打算纳妾，并对卓文君极为
冷漠。为挽回司马相如的心，卓文君写下了《白头吟》：

> 皑如山上雪，皎若云间月。
>
> 闻君有两意，故来相决绝。
>
> 平生共城中，何夸斗酒兮
>
> 今日斗酒会，明旦沟水头。
>
> 躞蹀御沟上，沟水东西流。
>
> 郭东亦有樵，郭西亦有樵。
>
> 两樵相推与，无亲为谁骄。
>
> 凄凄复凄凄，嫁娶不须啼。
>
> 愿得一心人，白首不相离。
>
> 竹竿何袅袅，鱼尾何簁簁！
>
> 男儿重意气，何用钱刀为！
>
> ……

司马相如收到《白头吟》后，却回复了十三个字：一二三四五六七八九十百千万。这一连串的数字之中，唯独缺"亿"，司马相如是想告诉卓文君他早已忘却过往的时光。

卓文君不死心，又给司马相如写了一首《怨郎诗》：

> 一朝别后，二地相悬。
>
> 只说是三四月，又谁知五六年？
>
> 七弦琴无心弹，八行书无可传。
>
> 九连环从中折断，十里长亭望眼欲穿。
>
> 百思想，千系念，万般无奈把郎怨。
>
> 万语千言说不完，百无聊赖，十依栏杆。
>
> 九重九登高看孤雁，八月仲秋月圆人不圆。
>
> 七月半，秉烛烧香问苍天，
>
> 六月三伏天，人人摇扇我心寒。
>
> 五月石榴红似火，偏遇阵阵冷雨浇花端。
>
> 四月枇杷未黄，我欲对镜心意乱。
>
> 忽匆匆，三月桃花随水转。
>
> 飘零零，二月风筝线儿断。
>
> 噫，郎呀郎，巴不得下一世，你为女来我做男。

司马相如看到《怨郎诗》之后，十分羞愧，从此闭口不提纳妾之事。

卓文君尽管是个才女，但文学史专家认为，西汉中期还没有如此成熟的五言诗，因此《白头吟》并非卓文君所作。而像《怨郎诗》这样的"数字诗"宋朝以后才出现，其风格更接近元曲，也不太可能是卓文君所作。

曹操是不是西汉功臣曹参的后人？

多年来，关于曹操是西汉开国功臣曹参后人一事备受质疑。想
要弄清曹操的身世，首先要弄清其父曹嵩的身世。有人认为曹嵩是
养父曹腾从家族内部过继来的；也有人认为曹嵩是曹腾从夏侯氏家
抱养的，因此，曹操也理应姓夏侯；更有甚者认为曹嵩是被曹腾从
路边捡来的野孩子，倘若真是如此，曹操的身世便更加扑朔迷离
了。但曹操的身世真有那么复杂吗？

曹操是曹参和夏侯氏后人说法的由来

据《三国志·武帝纪》记载："太祖武皇帝，沛国谯人也，姓
曹，讳操，字孟德，汉相国参之后。桓帝世，曹腾为中常侍大长
秋，封费亭侯。养子嵩嗣，官至太尉，莫能审其生出本末。嵩生
太祖。"

按照《三国志》的说法，曹操是西汉相国曹参的后代，其父曹
嵩是曹腾的养子，但不知道曹嵩是曹腾从哪里抱来的。曹腾、曹嵩
都是曹参的后代，那曹嵩只能是从家族内部过继给曹腾的。

不过，裴松之在《三国志》的注解中说："吴人作《曹瞒传》
及郭颁《世语》并云：'嵩，夏侯氏之子，夏侯惇之叔父。太祖、
于惇为从父兄弟。'"也就是说，吴人所著的《曹瞒传》和晋人郭颁
所著的《魏晋世语》都说曹嵩是夏侯氏的儿子，是夏侯惇的叔父，

夏侯惇与曹操是堂兄弟。如果根据这种说法来看，曹操应当姓夏侯。

此外，"建安七子"之一的陈琳在《为袁绍檄豫州文》一文中曾说"（曹嵩）乞丐携养"，认为曹嵩是曹腾从路边捡来的野孩子。如果曹嵩真是捡来的，那么曹嵩和曹操的身世就更加复杂了。

曹操的身世究竟是怎样的呢？

曹氏，沛国谯县人。曹嵩的养父曹腾是宦官，因迎立汉桓帝继位有功，被封为费亭侯。东汉时期，父亲死后爵位当由儿子继承，所以曹腾抱养孩子一定会非常慎重，断然不会轻易从别家抱养，更不会轻易从路边捡野孩子了。

在古代，通常情况下，只有家境贫困的人才会将自己的孩子送到皇宫当宦官。但事实上，曹家在沛国谯县是大姓，并且深受当地人的敬重。据司马彪的《续汉书》记载说：（曹）腾父节，字元伟，素以仁厚称。邻人有亡豕者，与节豕相类，诣门认之，节不与争。后所亡豕自还其家，豕主人大惭，送所认豕，并辞谢节，节笑而受之。由是乡党贵叹焉。"大意是说，曹腾的父亲曹节在当地以仁厚著称。有一次，邻居家的猪跑丢了，便四处寻找。曹节家的猪与邻居家的猪长得非常像，邻居误以为曹节家的猪就是自家逃跑的那头，然后二话不说就把曹节家的猪赶到了自己家。曹节也不争辩。不久，邻居家的猪又莫名其妙地跑回来了。邻居这才发现自己认错了猪，惭愧得无地自容。于是，他亲自到曹节家道歉，并归还了曹节家的那头猪。从此以后，乡里人都开始称赞曹节。

虽然已经无法考证曹腾为什么会去做宦官，但《续汉书》却明确记载，曹腾在兄弟四人中排行最小，并且三位兄长子嗣众多。按

071

照古代宗法制度，通常会从同宗兄弟的子女中过继，曹腾首先应当会考虑从兄长的子女中过继，而非从别处抱养。

我们再来看看曹操的后代是如何过继的。曹操一生妻妾成群，并且小蝌蚪的生命力也非常旺盛，以至于生下 25 个儿子，但其中 6 个没有子嗣。为延续香火，无一例外都是从亲兄弟那里过继的。

如果亲兄弟的孩子不够，又当如何过继呢？曹操之子曹丕有 9 个儿子，其中 4 个没有子嗣。由于亲兄弟无法提供足够多的孩子，便严格地从堂兄弟那里过继。

此外，曹操妻子郭皇后家没有子嗣，也同样是从郭家家族内部过继的。就连与曹操争天下的大将军袁绍都曾经被过继给伯父袁成。

曹家一向人丁兴旺，无论是出于传统的过继观念，还是出于对爵位继承的考量，曹嵩都应当是曹腾从曹家兄弟中过继而来的。

曹嵩有没有可能是从夏侯家抱养的呢？

曹操曾将女儿清河公主嫁给了夏侯惇之子夏侯楙，又将侄女嫁给了夏侯惇的族兄弟夏侯渊之子夏侯衡。众所周知，中国传统的婚姻禁忌是"同姓不婚"。据《魏书》记载，"同姓不婚"始于西周："夏殷不嫌一姓之婚，周制始绝同姓之娶。"据《国语》记载"同姓不婚，惧不殖也"，《左传》也记载说"男女同姓，其生不蕃"。古人虽然提倡亲上加亲的异姓表兄妹结婚，但早已意识到同姓近亲结婚会影响种族的繁衍和后代的健康，所以明令禁止同姓结婚，并将同姓结婚视作乱伦。如果曹操姓夏侯，又是夏侯惇的堂兄弟，曹操断然不会将女儿和侄女嫁到夏侯家。所以说，曹操的父亲曹嵩绝对不会是从夏侯家抱养的。

那么，如何解释曹操一直重用夏侯家呢？事实上，夏侯家与曹家在谯县都是大户人家。夏侯惇、夏侯渊与曹操本为同乡，又跟随曹操一同起兵，曹操重用夏侯家无可厚非。

至于《为袁绍檄豫州文》中说曹嵩是从路边捡来的，实际上是袁绍在官渡之战之前，为讨伐曹操，对曹操及其父亲、祖父极尽诋毁之能事，因此更不可靠。

关于曹操的身世，我们已经无法从文献记载中探明真相，只能靠推测了。但近年来，复旦大学历史学和人类学联合课题组却利用"人类遗传学"揭开了曹操的身世之谜。

现代基因倒推法和亲属 DNA 检测双重确定曹操 DNA

1. 现代基因倒推法

由于一直无法确定曹操的遗骸，因此，也无法确定曹操的DNA。复旦大学历史学和人类学联合课题组认为，可以根据曹操后人的 DNA 倒推出曹操的 DNA。

曹操后人的 DNA 为什么可以倒推出曹操的 DNA 呢？我们知道，人体内有 23 对染色体，其中 22 对为常染色体，1 对为性染色体。性染色体决定性别，女性的性染色体为 XX，男性的性染色体为 XY。染色体由 DNA 和蛋白质组成，DNA 中储存着生命的种族、血型、孕育、生长、死亡过程的全部信息。在遗传过程中，父亲和母亲的常染色体会不断重组，但父亲的 Y 染色体却始终不变，并且一代一代地遗传给后世子孙中的男性，因此，可以通过寻找曹操后代中男性的 DNA 来倒推出曹操的 DNA。

有学者认为，司马氏篡取曹魏政权时，曹家惨遭灭门，根本就无法找到曹操的后人。事实上，被灭门的仅有曹爽一家，并且曹爽原本并不姓曹。

曹爽是大司马曹真的儿子，曹真的父亲名叫秦邵。秦邵与曹操是故交，在与袁术作战期间，曹操外出侦察，遭到袁术部将追杀，秦邵冒名顶替曹操，使曹操躲过一劫，自己却不幸被杀。曹操为报答秦邵的救命之恩，便收养了其子秦真，还将其姓改为曹，所以秦真才被称为曹真。

魏明帝曹叡去世后，魏少帝曹芳继位。曹爽与司马懿同为托孤大臣，但曹爽专权乱政，架空了司马懿。司马懿趁曹爽与魏少帝到高平陵祭祖期间，在洛阳发动政变，诛杀了曹爽，并灭其九族。这是曹氏唯一被司马氏灭门的一家。不过，后来司马懿还从曹家过继一位曹姓男子，为曹爽再续香火。至于曹操的其他后人，就更不可能被灭门了。

曹爽死后，魏少帝成为司马氏的傀儡。有人反对司马氏，便联合楚王曹彪发动政变，企图诛杀司马氏。结果兵败，楚王曹彪被杀。后来，魏元帝曹奂"禅位"于司马懿之孙司马炎，司马炎担心有人继续打着曹家的旗号发动政变，便将曹家全部迁往曹操称王时的旧都邺城。魏元帝"禅位"后，被封为陈留王，在邺城依然可以自称天子，并且使用自己的年号。

历经西晋、东晋，直到南北朝时期的刘宋，曹家还一直受到朝廷的优待，并且保留着陈留王的爵位。不过，到了隋朝，已经很难在史书中看到关于曹操后人的记载了。不过，复旦大学课题组在隋朝的墓志中曾找到一位曹操的后人，名叫曹海凝。曹海凝一生做过最大的官就是陈仓县令。由曹海凝所担任的官职来看，曹操的后人在隋朝已经开始平民化了，这也是为什么隋朝以后很难在史书上看到曹操后人的原因。

众所周知，古代采取的是一夫多妻制，仅曹操就有 25 个儿子，并且他的儿子不是皇帝就是王侯，这些人往往妻妾成群，所生子女众多。从三国到南北朝的两百多年间，曹氏虽然从皇帝变为王侯，但仍旧保持着绝对的生殖优势，所以曹操的后人一定是一个非常庞大的群体。

南北朝之后，史籍已经不再记载曹操后人的事迹，因此，只能通过族谱来寻找曹操的后人。

唐朝以及唐朝以前的族谱可信度非常高，因为这些时期朝廷选拔官员时会根据官方认定的族谱，从权贵子弟和富家子弟中挑选，所以朝廷对族谱控制得非常严格，以防外人混入。唐朝以后，族谱由官修逐渐变成私修，不可靠的成分逐渐增大。

到唐朝时，曹操家族的族谱依然存在，曹操后人仍是唐朝选拔官员的对象。但唐朝之后，如何才能找到曹操的后人呢？

对此，复旦大学课题组查看了上海图书馆从全国各地收集的中国族谱。其中，曹姓族谱高达 280 多件。经过归类分析，分别整理出了曹操后人和曹参后人的族谱。

此外，课题组还在全国征集曹氏族谱，将所有传承有序并且能够说清自己是来自曹操后人的哪一支的族谱都放在一起处理。这样虽然加大了工作的难度，但却大大提高了寻找真实的曹操后人的可靠性。

课题组在全国各地采集了 79 个曹姓家族超过 1000 份的血样。由于家族内部成员的基因类型相同，所以课题组对一个家族仅采集一个成员的血样。如此一来，一份血样就代表一个家族，一千份血样则代表的是一千个家族。

在众多曹氏族谱中，课题组找到了 9 支（分别来自安徽绩溪、安徽舒城、安徽亳州、江苏海门、广东徐闻、江苏盐城、山东乳山、辽宁东港、辽宁铁岭）真实可靠的曹操后人的族群，其中有 6 支具有相同的基因类型，为 O2*-M268。其祖先交汇点在 1800～2000 年前，而这正是曹操生活的年代。根据生物学统计，他们是曹操后人的概率高达 92.7%。尽管这一数据相对可靠，但并非绝对可靠。

2. 亲属 DNA 检测

为进一步确定曹操的基因类型是否为 O2*-M268，课题组又从曹操的老家安徽亳州曹操宗族墓穴中找到了曹操叔祖父曹鼎的遗骸——两颗保存尚好的牙齿。牙齿由于受到牙釉质的保护，比人体其他部位的遗骸更加容易提取出基因。提取结果显示，曹鼎的基因类型也是 O2*-M268。由此不但可以断定曹操的基因类型就是 O2*-M268，还能断定曹操的父亲曹嵩就是从家族内部过继而来的。

采用同样的方法，课题组还对曹参和夏侯氏的后人进行基因检测，结果发现，曹参的基因类型为 O3。可见，曹操并非是曹参的后人。而夏侯氏家族的基因类型与曹操的基因类型也不同，所以夏侯家与曹家也毫无关系。

曹操家为什么会与曹参家联系到一起呢？

曹魏重臣蒋济曾亲眼看见过曹腾的碑文。碑文上说，"曹氏族出自邾"，也就是说曹氏出自邾国，后来改姓为曹。

在黄帝统治时期，有一个叫陆钟的人，陆钟的儿子陆安被分封到邾国，后来被楚国灭掉，子孙逃散。其中，有一支逃到了沛国谯县，并定居在那里。由于曹参的家族在谯县是大户，所以曹操家就混进了曹参的家族中。

曹操说自己是曹叔振铎的后代，而曹叔振铎既是周武王的兄弟，又是曹参的远祖，所以曹操便顺理成章地成了曹参的"后人"。

赤壁之战，曹操有没有"烧船自退"？

赤壁之战，孙刘联盟采用火攻，大败曹军，致使曹操从华容道狼狈窜逃。经此一役，曹操势力大减，以至于在短时间内无法统一全国，从而造成了后来三国鼎立的局面。然而，战败后的曹操却扬言，在赤壁之战中自己曾"烧船自退"，着实令人感到匪夷所思！众所周知，曹操是个自尊心很强的人，难道他是在为自己的惨败作辩护，还是真有其事呢？

曹操的战船是如何被烧掉的？

曹操攻打荆州时，刘表病死，刚刚继位的儿子刘琮率众投降，曹操得到数千艘战船以及数十万水军、步军。曹操想凭借北方的士兵以及荆州水军来攻打江东的孙权以及逃往江夏的刘备。

尽管曹军号称有 80 万，但实际兵力不过 20 万左右，而大多数又是北方人，不善水战。孙刘联盟虽然只有 5 万士兵，但周瑜的 3 万士兵个个精通水战。再加上当时正值严寒季节，曹军水土不服，军中发生瘟疫，导致众多士兵死亡。当曹军与孙刘联军在赤壁相遇时，曹军初战便被打败。曹操无奈，只好退到长江以北，而孙刘联军则驻扎在长江以南。

曹军不习惯坐船，曹操便命人将所有战船首尾相连，使人马在船上如履平地。

人们认为火烧赤壁之计是由诸葛亮和周瑜提出来的，但事实上是由黄盖提出来的。黄盖见曹军战船首尾相连，就向周瑜献计说："如今敌众我寡，很难与他们长期对峙。如果采用火攻，必然能够将其一举击溃！"

周瑜采纳了黄盖的建议，给他调拨了几十艘战船，并在船内装满柴草，还在柴草中浇灌了膏油，在船上裹着帷幕，上面插满牙旗，在船尾系了很多逃生的小船。待一切准备妥当之后，黄盖给曹操写信说，他将在夜间率众投降。

当天深夜，东南风乍起。黄盖命人驾驶着几十艘战船，浩浩荡荡地驶向曹军阵营。而站在战船上的曹军见黄盖率领大军前来归降，一个个都伸着脖子观看。

当离曹军还有两里远的时候，黄盖命人同时点燃了数十艘战船，然后乘坐小船往回逃。由于当时风势迅猛，曹军战船瞬间被点燃，曹军被烧死以及坠江而死者不计其数。曹军大败，曹操不得不从华容道仓皇逃走。

曹操有没有"烧船自退"呢？

据《资治通鉴》记载："（当时）火烈风猛，船往如箭，烧尽北船，延及岸上营落。"《资治通鉴》认为，当时大火将"曹船"焚烧殆尽，并且一直烧到岸上的曹营。

然而，虞溥《江表传》中却记载，战败后的曹操在给孙权写信时却声称："赤壁之役，值有疾病，孤烧船自退，横使周瑜虚获此名。"曹操说，自己是因为军中出现瘟疫，所以才会烧船自退。

《资治通鉴》认为曹操的战船被黄盖焚烧殆尽，而《江表传》认为曹操的战船并没有黄盖被烧尽，而是部分被曹操自己给烧了。

至于孰是孰非，让我们先来看看曹操的战船是如何固定在狂风大作的江中并首尾相连在一起的。

据《三国志·董袭传》记载，当初孙权征讨射杀其父孙坚的江夏太守黄祖时，黄祖为了抵抗孙权，用两艘战船横在河面上，扼守沔口。当时黄祖是用棕毛做成的大缆绳系住大石墩来固定战船的。吴将董袭率领死士冲上黄祖的战船，亲手砍断两根缆绳后，黄祖的战船才随着水流而下。

江夏属于荆州管辖，曹操占领荆州后，所用战船与黄祖所用战船所差无几。当时风大，想要固定战船，同样需要靠缆绳系住大石墩来固定。至于现在常用固定船只的铁锚，最早出现在南朝，比三国晚了将近一二百年，所以三国时不太可能会出现铁锚。战船一旦起火，曹军肯定会像吴将董袭一样砍断缆绳，分散战船。

再说了，曹军不善水战，平时不作战时，才会将战船首尾相连在一起。一旦投入战斗，就会将战船分开。战船与战船之间又怎么会用铁索锁死呢？

即便风势再迅猛，仅仅凭借数十艘战船，想要引燃数千艘战船，也需要一定的时间，而这段时间足以将尚未引燃的战船分离开。

曹军与孙刘联军南北对峙，当时是东南风，黄盖那些被点燃的战船并不会直直地从南往北行驶，只会朝西北方向行驶，大火也会朝西北方向烧去，想要烧尽正北方的曹船也不太容易。

我们再来看看，在曹军败退之际，曹操是否有"烧船自退"的时间？事实上，曹操的确有"烧船自退"的时间。当曹军发现形势不对时，连忙朝黄盖射箭。黄盖在撤退期间，被曹军的箭矢射中，坠入江中，所幸被吴军给救了回去。既然曹军有反抗的时间，就足以证明曹军有"烧船自退"的时间。

此外，《三国志·郭嘉传》也同样记载了曹操曾"烧船自退"："太祖征荆州还，于巴丘遇疾疫，烧船，叹曰：'郭奉孝在，不使孤至此。'"

综合上述内容，我们可以断定，曹操的确在赤壁之战中曾"烧船自退"。至于曹操为何会烧船，恐怕是因为曹操不想便宜了孙权与刘备，将战船白白地送给他们当战利品。

关于赤壁之战，唐代诗人杜牧曾在《赤壁》一诗中写道："东风不与周郎便，铜雀春深锁二乔。"意思是说，如果当时东风不与周瑜方便，恐怕大乔和小乔就会被曹操锁进铜雀台。事实上，赤壁之战发生于公元208年，而铜雀台始建于公元210年，所以即便曹操当时战胜了孙刘联军，活捉了大乔、小乔，恐怕也无法将她们锁进铜雀台。

马谡是被诸葛亮挥泪斩杀，还是另有隐情？

马谡违背诸葛亮的作战部署，丢失街亭，导致诸葛亮精心策划且胜券在握的北伐功败垂成。相传，街亭丢失后，诸葛亮挥泪斩杀了马谡。这个故事虽然在民间广为流传，但历史上真实的马谡真是被诸葛亮挥泪斩杀的吗？

马谡为什么必须死？

公元 228 年春，诸葛亮倾尽蜀国兵力讨伐曹魏。出发前，他扬言从斜谷道攻取郿县，并派赵云、邓芝巧设疑兵，占据箕谷，吸引并牵制魏国的主力部队。

魏明帝果然上当，于是派大将军曹真率兵前去抵御。诸葛亮趁机亲率各路大军直奔祁山。南安、天水、安定三个郡县见蜀军来势汹汹，望风而降。一时间，关中震惊。

魏明帝顿时感觉事态严重，便亲自坐镇长安，另派大将军张郃率军前去抵御。

此时，蜀军将士都认为应当派老将魏延、吴壹等人担任先锋迎战张郃，但诸葛亮却违背众人意愿，越级提拔马谡担任先锋。

马谡，字幼常，襄阳宜城（今湖北宜城南）人，曾以荆州从事的身份跟随刘备进入蜀地，后来还担任过绵竹县令、成都县令以及越砠太守。马谡才气过人，喜欢谈论兵法，深受诸葛亮的器重。据说，两人经常聚在一块没日没夜地谈论军事。

公元 225 年，诸葛亮率军讨伐叛将雍闿时，马谡作为参军为诸葛亮送行。诸葛亮对马谡说："我们虽然在一起谋划多年，今天请你再为我谋划一计！"

马谡说："南中之地依仗地势险要，路途遥远，不听中央政府的管理已经有很多年了。即便我们今天将其攻破，明天他们还会反叛。如今您准备倾尽所有兵力北伐，他们一旦得知我们国内空虚，就会迅速反叛。但如果将他们赶尽杀绝，以除后患，又并非仁义之举，更何况这也不是一时半会就能做得到的。用兵之道，当以攻心为上，攻城为下；心战为上，兵战为下，您应该做的就是让他们真心归附！"

诸葛亮后来采纳了马谡的建议，在诛杀了雍闿之后，"七擒七纵"孟获，从而赢得了南中的民心。

尽管刘备临终前曾提醒诸葛亮说"马谡言过其实，不可以重用，你要对他多加考察"，但诸葛亮依然认为马谡可堪大任，所以才会任命他为先锋，并将把守军事重地街亭如此重要的任务交给了他。

临行前，诸葛亮再三叮嘱马谡将士兵部署在依山傍水的地方，但马谡一到街亭，便违背了诸葛亮的作战部署，将士兵部署在没有水源的南山，想借助南山的险阻来抵御魏军。部将王平多次劝谏，但马谡置之不理。

张郃一到街亭，便切断了马谡的水源，然后向山上的蜀军发动进攻。蜀军大败，四散而逃。诸葛亮没有落脚点，被迫退守汉中，北伐宣告失败。

据《三国志·向朗传》记载："朗素与马谡善，谡逃亡，朗知情不举，亮恨之，免官还成都。"意思是说，向朗与马谡交情深厚，马谡街亭失守后，畏罪潜逃。向朗知情不报，诸葛亮因此而憎恨向朗，并将其免职，遣送回成都。

由于马谡不听号令，导致街亭失守，也让蜀国错失了一次讨伐曹魏的大好时机。如果不杀马谡，不但今后号令无法在军中通行，还无法平息国人的愤怒。诸葛亮必须给国人一个交代，所以马谡必须死！

马谡是被诸葛亮挥泪斩杀的吗？

有人认为马谡是被诸葛亮挥泪斩杀的，但也有人认为马谡是病死在监狱中的。

据《三国志·诸葛亮传》记载："谡违亮节度，举动失宜，大为张郃所破。亮拔西县千余家，还于汉中，戮谡以谢众。"此处记载，认为马谡是被诸葛亮斩杀的。

此外，据《三国志·王平传》记载："丞相亮既诛马谡及将军张休、李盛，夺将军黄袭等兵。"此处记载，认为马谡是被诸葛亮杀死的。至于选择何种方式杀死，不得而知。

然而，真相真如上面所说，马谡是被诸葛亮杀死的吗？

据《三国志·马良传》记载："谡下狱物故，亮为之流涕。"何为"物故"呢？据《三国志·刘璋传》记载："瑁（刘瑁，刘璋的哥哥）狂疾物故。"裴松之注解说："魏台访'物故'之义，高堂隆答曰：'闻之先师：物，无也；故，事也；言无复所能于事也。'"所谓"物故"其实就是指死亡。而说马谡"下狱物故"，就是说马谡死在了监狱之中，因此，我们可以确定马谡并没有被诸葛亮斩杀。当然，死在狱中也并不一定就如大家所言：马谡是病死在狱中的。

　　马谡不死不足以平民愤、树军威，但诸葛亮又不忍心将他斩杀，他最有可能也是最有尊严的死法当是自杀。

　　此外，裴松之在《三国志·马良传》注中引《襄阳记》的记载说，马谡临死前曾给诸葛亮写信："明公视谡犹子，谡视明公犹父，愿深惟殛鲧兴禹之义，使平生之交不亏于此，谡虽死无恨于黄壤也。"意思是说，马谡希望诸葛亮能够效仿古人杀鲧而重用鲧的儿子禹，帮他照顾家人。从中我们可以看出，马谡交代后事时并没有见过诸葛亮，不然他也不必写信，这也可以证明诸葛亮并没有挥泪斩杀马谡。

　　诸葛亮虽然没有挥泪斩马谡，但马谡死后，他确实为之痛哭流涕，并且亲自到马谡的家中祭奠马谡，还替他抚养妻儿。

诸葛亮死后，魏延有没有造反？

在小说《三国演义》中，诸葛亮第一次见到魏延时，便说魏延脑后有反骨，断言他日后必反。后来，诸葛亮在临终前，又断言魏延会选择在他死后立刻反叛。由于《三国演义》深入人心，再加上魏延的确是以"造反罪"被杀的，所以便坐实了魏延"造反"的罪名。但事实上，魏延真的造反了吗？

魏延是个什么样的人？

魏延，字文长，义阳（今河南桐柏）人，善于养兵，勇猛过人，曾以部曲的身份跟随刘备入蜀。由于屡立战功，他被任命为牙门将军。

刘备在蜀地自立为汉中王后，将治所迁到了成都。当时，需要派一位重要的将领镇守汉川，诸将都认为，只有张飞才能胜任，而张飞也是这么认为，刘备却越级提拔魏延为镇远将军兼汉中太守，并命其镇守汉川。对此，诸将无不惊讶。

在大宴群臣时，刘备问魏延说："我对你委以重任，你今后有什么打算呢？"

魏延自信满满地回答说："如果曹操率领天下兵马前来，我恳请为大王抵御他；如果曹操派其他将领率领十万兵马前来，我恳请为大王吞并他！"诸将认为魏延有吹牛的嫌疑，但刘备却深以为然，085

并在称帝后，任命魏延为镇北将军，封都亭侯。

建兴八年（公元230年），诸葛亮派魏延进攻魏国的羌中。魏延与魏国后将军费瑶、雍州刺史郭淮大战于阳溪，大败费瑶与郭淮，随后便被任命为前军师、征西大将军，封南郑侯。

诸葛亮第一次北伐曹魏时，魏延曾毛遂自荐，恳请独自率领一万精兵，从子午谷出发，奇袭长安与潼关，然后与诸葛亮率领的大军在潼关会师。诸葛亮一生用兵谨慎，认为此计过于凶险，所以并未采纳。魏延认为诸葛亮是个谨小慎微的孬种，同时也感叹自己的才能无法尽数施展。先不论"子午谷奇谋"能否取胜，这足以看得出魏延比较喜欢冒险。

此外，魏延还是个高傲得没有朋友的人，诸将都对他都敬而远之。不过，长史杨仪却不吃他那一套，因此，两人经常发生摩擦。魏延是个能动手尽量不动口的人，每次杨仪与他发生争执，他总会拿起刀对着杨仪一阵比画，气得杨仪眼泪直流。

诸葛亮临终前有没有预言魏延会谋反呢？

建兴十二年（公元234年）秋，诸葛亮病重，在弥留之际，招来长史杨仪、司马费祎、护军姜维等人商讨撤军事宜。他命杨仪统领大军，让魏延断后，姜维次之，还叮嘱诸位将领说："若延或不从命，军便自发。"诸葛亮虽然预测到魏延可能不会听从命令断后，但却没有预言魏延一定会造反，只是说如果魏延不听从命令，就让军队照常撤退，至于魏延，可以不用理会，随他的便！

诸葛亮去世后，蜀军秘不发丧。杨仪派费祎去试探魏延。魏延对费祎说："丞相虽然去世了，但我魏延还在。府中官员会自行发丧送葬，我应当率领军队继续追击敌人，怎么能因为一人亡故而影响国家大事呢？更何况我魏延是何人，怎么能听从杨仪的指派，做断后的将军呢！"随后，魏延要与费祎一起商讨继续追击敌人的军事部署，还要求费祎手书文告，然后两人共同署名，并告诉各位将士他们的决定。

费祎假装赞同，然后对魏延说："我们应该把你的意见告诉杨长史。长史是文官，不懂军事，相信他一定不会反对您的意见！"费祎走出大营，立刻骑上快马飞奔而去。

费祎走出大营后，魏延马上后悔了，想派人追赶费祎，但为时已晚。于是，他派人暗中观察杨仪等人的动静，发现他们准备按照诸葛亮生前的计划依次撤退。魏延大怒，趁杨仪尚未撤军之际，提前带领部队南归，然后烧毁了沿途的栈道。

杨仪派人向朝廷递送文书，控告魏延造反。与此同时，魏延也派人向朝廷递送文书，控告杨仪造反。

两人同时状告对方造反，搞得皇帝刘禅很头大。于是，刘禅便询问侍中董允以及留府长史蒋琬，董允与蒋琬都向刘禅担保杨仪不会造反而怀疑魏延。

魏延占据南谷口，准备截击杨仪，而杨仪则派大将何平抵御魏延。到达南谷口时，何平责备魏延及其士兵说："丞相归天，尸骨未寒，你们竟然敢犯上作乱！"

魏延想混淆是非，于是说："臭不要脸的！明明是你们想作乱，现在竟然还倒打一耙！"

事实上，士兵们心知肚明，是魏延抗命在先，所以双方尚未开战，就纷纷逃散。魏延与其子数人狼狈逃走，逃到汉中时，被大将马岱斩杀，随后，被灭三族。

魏延真的谋反了吗？

事实上，魏延并没有谋反之心。如果他当初想要率军谋反，在兵败逃亡的时候应当逃向北方的魏国，但他却逃往南方的蜀国。更何况当时在蜀军中，众将士一致认为能够有资格代替诸葛亮统领大军的当属魏延，而魏延也认为非己莫属，所以才不会背叛蜀国。正如《三国志·魏延传》中记载一样："原延意不北降魏而南还者，但欲除杀仪等。平日诸将素不同，冀时论必当以代亮。本指如此，不便背叛。"

诸葛亮为什么没有选择魏延作为自己的接班人而选择了才能不及魏延的杨仪和蒋琬呢？其实，这是因为诸葛亮平生做事比较谨慎，而魏延做事喜欢冒险。一旦将大军交付给魏延，魏延势必会改变他生前所做的一切军事部署。出于对蜀国未来的考量，诸葛亮不愿意冒这个险。

当初，董允与蒋琬担保杨仪不会造反而怀疑魏延，这与魏延孤傲、不合群的性格有关。而"魏延造反"的真相不过是蜀国内部的两位将领之间的内斗。

如果论造反，最有可能会造反的其实是杨仪。杨仪率领大军成功撤退，又诛杀了魏延，自认为功勋卓著，理所应当成为诸葛亮的接班人，但令他万万没有想到的是，诸葛亮认为他性格狂傲狭隘，在生前曾秘密上表刘禅说："臣若不幸，后事宜以付琬。"

诸葛亮死后，蒋琬被任命为尚书令，而杨仪只被任命为中军师，并且没有部署。杨仪自认为自己的资格老，并且才能超过蒋琬，但官位却在蒋琬之下，所以极为不满。费祎看望他时，他对费祎说："往者丞相亡没之际，吾若举军以就魏氏，处世宁当落度如此邪！令人追悔不可复及。"意思是说，当初丞相去世的时候，倘若我率领全军投靠曹魏，又岂会沦落到今天这个地步呢！

费祎这人是专业出卖朋友二十年。他先前出卖了魏延，这次又出卖了杨仪。他将杨仪发牢骚的一番话全部密报给了朝廷。刘禅大怒，将杨仪贬为庶民并流放到了汉嘉郡。杨仪心生怨恨，又上疏诽谤朝廷，于是朝廷派人捉拿他，他便畏罪自杀了。

刘禅真是扶不起的阿斗吗？

蜀后主刘禅一直被视作庸主的典型，并被戏称为"扶不起的阿斗"。刘禅的庸主形象早已深入人心，似乎也被盖棺定论，但殊不知这种观点在三国之后频频遭到学者们的质疑。质疑者认为，刘禅之所以以庸主的形象示人，不过是为了在尔虞我诈的三国中保命。那么，刘禅真实的面目到底是什么样的呢？

刘禅为什么会被认为是扶不起的阿斗？

刘禅之所以被认为是扶不起的阿斗，主要有两个原因：一是因为他是亡国之君，二是因为他在亡国之后"乐不思蜀"。那么，刘禅又是如何亡国与乐不思蜀的呢？

景耀六年（公元 263 年），魏将司马昭派征西将军邓艾、镇西将军钟会、雍州刺史诸葛绪分兵数路攻打蜀国，刘禅调派左右车骑将军张翼、廖化、辅国大将军董厥等人出兵迎战。为阻止钟会大军西进，蜀将姜维率领十余万兵马将其拦截在剑阁。但让姜维万万没有想到的是，邓艾却率领大军从阴平偷渡，直奔蜀国都城成都。

在蜀国内外无援的情况下，刘禅召开紧急会议，商讨对策。此时，群臣分为两派：一派以北地王刘谌为首，主张背水一战；另一派以光禄大夫谯周为首，主张投降。经过反复争论，刘禅最终还是听从了谯周的建议，率领蜀汉群臣向邓艾大军无条件投降。

当邓艾率领大军抵达成都时，刘禅自缚双手，抬着棺材，亲自到魏国军营投降。投降后，刘禅被封为骠骑将军。

刘禅在投降的同时，还下令全体将士放下武器，集体向魏军投降，但蜀将姜维、张翼等人假意投降，然后想另寻时机发动叛乱，恢复蜀汉，但密谋败露被杀。为防止蜀汉复国，刘禅被迁往魏国都城洛阳，并被封为安乐公，食邑一万户。

有一天，司马昭设宴招待刘禅，故意安排了一场蜀地的歌舞表演，蜀汉旧臣都哭得一把鼻涕一把泪，唯独刘禅一副没心没肺的样子在欢乐嬉笑。司马昭看到这种情形，不禁对同僚贾充感叹道："像刘禅这般没心没肺的君主，即便是诸葛亮在世也不可能保全他，更何况是姜维呢！"贾充回答说："如果不是这样，将军又怎么能轻易灭掉蜀国呢！"

后来，司马昭试探刘禅说："你思念蜀国吗？"

刘禅一副无所谓的样子回答说："此间乐，不思蜀！"（裴松之注引《汉晋春秋》）

蜀汉旧臣郤正听说后，就对刘禅说："如果司马昭再问您是否思念蜀国时，您就哭着对他说：'先人的坟墓远在蜀地，我没有一天不思念啊！'"

再后来，司马昭又一次问起刘禅时，刘禅按照郤正教给他的话来回答。司马昭好奇地问刘禅："这话听起来怎么像是郤正的语气呢？"

刘禅惊奇地望着司马昭说："这就是郤正教我的啊！"听罢，司马昭不禁捧腹大笑。从此，他再也没有怀疑过刘禅有复国之心了。

刘禅真的扶不起吗？

刘禅到底是不是扶不起的阿斗，需要从多方面进行分析：

其一，如果仅因刘禅投降曹魏就认定刘禅是"扶不起的阿斗"，未免有失偏颇，因为刘禅是在内外无援的情况下被迫投降的。或许有人认为，刘禅不投降，蜀国就不会灭亡。但无论是从蜀魏两国的军事实力来看，还是从当时的形势来看，成都被攻破都只是时间问题，拼死一战固然让人振奋，但投降又何尝不是无奈之举呢？

其二，真正让刘禅坐实"扶不起的阿斗"之名的莫过于"乐不思蜀"。但细想之下，你会发现，作为一个亡国之君，当有人问你是否思念故国的时候，恐怕人人都会给出和刘禅相似的答案。倘若刘禅真如南唐后主李煜一样每天都表现得在思念旧国，他只会落得与李煜同样的结局——被杀。如果说刘禅乐不思蜀就是扶不起的阿斗，那么刘备与曹操"青梅煮酒论英雄"时被"吓"得连筷子都掉在了地上，就能证明刘备胆怯吗？倘若刘禅与郤正只是演给司马昭的一出戏，那么，刘禅就不是一般的聪明了。

其三，司马昭是何等聪明之人，如果他认为刘禅昏庸，并无复国之能，他又怎么会三番五次地试探刘禅呢？

其四，说刘禅是"扶不起的阿斗"，其重点在于"扶"，当由谁来"扶"呢？一致公认的就是丞相诸葛亮。在诸葛亮辅佐刘禅期间，"政事无巨细，咸决于亮"，也就是说，事无大小，都由诸葛亮一人来决定，刘禅基本上成了一个摆设。纵观诸葛亮辅佐刘禅的11年间，几乎所有时间都花费在了北伐上。诸葛亮是治国之才，但并非统兵之才，七征曹魏期间，除了空耗国力之外，并未建立开疆拓土之类的大功。单从北伐的成效来看，诸葛亮连自己都没

"扶"起，又如何谈得上"扶"起刘禅呢？诸葛亮对刘禅的"扶"仅仅体现在严加教导上。在他去世之后，除了给刘禅留下了一个因连年用兵而国库空虚，士兵疲惫的蜀国之外，并未留下任何遗产。可以说，诸葛亮对"扶"刘禅一事，并未起到多大作用。

其五，诸葛亮去世后，刘禅又做了 29 年的皇帝，并成为三国时期在位时间最长的一位皇帝。倘若没有一定的治国才能，又何以在混战不止的三国中长存呢？

其六，刘备在写给刘禅的遗诏中曾提到："射君到，说丞相叹卿智量，甚大增修，过于所望，审能如此，吾复何忧！勉之，勉之！"大意是说，射援告诉我，丞相私下称赞你的智慧与气量都有很大增进，已经远远超过了大家的期望，倘若真能如此，我百年之后也就没有什么可担心的了。或许刘备以前对刘禅的治国能力有所担心，但至少在诸葛亮称赞刘禅之后还是比较认可的。此外，诸葛亮还曾在《坐上与杜微书》中盛赞刘禅天资聪明并且礼贤下士："朝廷主公今年始十八，天姿仁敏，爱德下士。"诸葛亮绝非信口开河之人，他对刘禅的评价应当是比较中肯的。

其七，诸葛亮在世时，一切政务全都取决于诸葛亮。诸葛亮一去世，刘禅立刻废除丞相一职，并将丞相的权力一分为二，以蒋琬为大司马，主管行政兼管军事，以费祎为大将军，主管军事兼管行政。如此一来，不但可以强化君权，还可以让大臣互相制衡。蒋琬去世后，刘禅干脆就独摄国政，又进一步地强化了君权。如此行事，又岂像是一代庸主呢？

其八，公元 249 年，夏侯霸背叛曹魏，投靠蜀国。夏侯霸是曹操的心腹大将夏侯渊的次子，夏侯渊是被刘备的部将黄忠所杀的，所以刘禅一见到夏侯霸就安慰说："您的父亲是在战场上战死的，并非我的先人所杀啊！"刘禅的皇后是张飞的女儿，张飞的妻子是夏侯渊的堂妹，所以紧接着刘禅又指着自己的儿子对夏侯霸说："这是夏侯家的外甥。"刘禅三言两语不但将夏侯霸的杀父之仇一笔带过，还趁机与对方攀亲拉近关系，如此机智的表现，又岂是愚笨之人所能想得到的呢？

其九，蜀国被魏国灭亡，确也跟刘禅任用小人不无关系，但纵观历史，重用小人的君主又岂止刘禅一人，其中齐桓公、汉武帝、朱元璋等人均重用过小人，这能证明他们愚笨吗？如果不能，我们又怎么能认定刘禅一定愚笨呢？

纵观刘禅的一生，其实我们很容易发现刘禅绝非是人们所说的"扶不起的阿斗"，甚至还不时显露出过人之处。刘禅生在乱世尚能苟安一隅 41 年，倘若生在太平盛世，大可坐在龙椅上高枕无忧地度过一生。

唐宋元明篇：

迷雾重重

武则天有没有为上位而残杀亲生女？

作为中国历史上唯一一位真正的女皇帝，武则天的一生可谓颇受争议。而最为世人诟病的莫过于她曾经为上位而残杀亲生女，然后嫁祸给王皇后。在世人眼中，武则天的确是一位工于心计、不择手段的女人，但她真的舍得或者说有必要为上位而残杀亲生女吗？

正史对武则天杀女的指控

最早记录武则天杀女一事的是《旧唐书》，但《旧唐书》并未将此事记载在正文中，而是以"史臣曰"的方式记载在"注解"中："史臣曰：'武后夺嫡之谋也，振喉绝褓褓之儿，菹醢碎椒涂之骨，其不道也甚矣，亦奸人妒妇之恒态也。'"所谓"史臣曰"，不过是作者对此事的个人看法，但又不是十分确定，所以并没有记载在正文中。

然而到了《新唐书》，却被明确记载为武则天杀女。《新唐书》中还绘声绘色地记载说："昭仪生女，后就顾弄，去，昭仪潜毙儿衾下，伺帝至，阳为欢言，发衾视儿，死矣。又惊问左右，皆曰：'后适来。'昭仪即悲涕，帝不能察，怒曰：'后杀吾女，往与妃相谗媚，今又尔邪！'由是昭仪得入其訾，后无以自解，而帝愈信爱，始有废后意。"意思是说，武则天生下小公主不久，王皇后去看望逗弄。等王皇后离开后，武则天立刻将小公主闷死在被子中，故意等到唐高宗来时，假装无所事事地闲聊，然后掀开被子，发现小公主已死，又假装吃惊地问左右婢女怎么回事，众人都暗示她说："王皇后刚才来过！"于是，武则天号啕大哭起来。唐高宗不能确定是不是王皇后所为，但武则天却一口咬定说："皇后竟然杀了我的女儿！过去她与萧淑妃互相诋毁，现在竟然又干出这种事儿来！简直是无法无天！"王皇后无法自证清白，所以唐高宗就越来越相信并宠幸武则天了，甚至动了废黜王皇后的念头。

《资治通鉴》与《新唐书》一样，也认定武则天有杀女之举。《资治通鉴》上记载说："后宠虽衰，然上未有意废也。会昭仪生女，后怜而弄之，后出，昭仪潜扼杀之，覆之以被。上至，昭仪伴欢笑，发被观之，女已死矣，即惊啼。问左右，左右皆曰：'皇后适来此。'上大怒曰：'后杀吾女！'昭仪因泣诉其罪。后无以自明，上由是有废立之志。"

如果单从这些正史记载来看，武则天确实曾经为上位而残杀了自己的亲生女。不过，这些都经不起推敲。

王皇后被废与小公主之死有关系吗？

武则天 14 岁时，被唐太宗征召入宫，封为五品才人，赐号"媚娘"。在服侍唐太宗的 12 年间，武则天一直没有受到宠幸。然而，就在唐太宗病重期间，武则天却与太子李治，也就是后来的唐高宗暗生情愫。

唐太宗驾崩后，武则天与唐太宗的嫔妃们一起被送到感业寺做尼姑。后来，唐高宗到感业寺进香时，偶遇武则天，两人旧情复燃。王皇后得知唐高宗非常喜欢武则天，为对付备受宠幸的萧淑妃，便主动请求唐高宗将武则天纳入后宫。

武则天进宫后，倍受宠幸，而萧淑妃也如王皇后所愿遭到冷落。但让王皇后万万没想到的是她这是在引狼入室。起初，武则天对王皇后还是言听计从，但随着恩宠日益增加，她逐渐不把王皇后放在眼里了，反而还去结交王皇后的仇敌，企图联合她们一起打压王皇后。

王皇后对武则天这个白眼狼可谓是恨之入骨，但她会为了报复武则天而杀害小公主吗？想要回答这个问题，我们只需弄清楚王皇后被废与小公主之死有没有关系。

据《旧唐书》记载："帝终不纳后言，而昭仪宠遇日厚。后惧不自安，密与母柳氏求巫祝厌胜。事发，帝大怒，断柳氏不许入宫中，后舅中书令柳奭罢知政事，并将废后，长孙无忌、褚遂良等固谏，乃止。"意思是说，武则天受宠让王皇后感到不安，于是王皇后与母亲柳氏用厌胜之术诅咒武则天。事发后，唐高宗非常恼怒，所以想要废掉王皇后，由于长孙无忌、褚遂良等大臣坚决反对，所以才作罢。随后，唐高宗"纳李义府之策（上表建议立武则天为皇后）"，"废后及萧良娣皆为庶人，囚之别院"。由此来看，唐高宗废黜王皇后最直接的原因是"厌胜"事件而非谋杀小公主。

《新唐书》认为，王皇后与母亲使用"厌胜之术"一事纯属武则天诬陷："昭仪乃诬后与母厌胜，帝挟前憾，实其言，将遂废之。长孙无忌、褚遂良、韩瑗及济濒死固争，帝犹豫。"紧接着，"中书舍人李义府、卫尉卿许敬宗素险侧，狙势即表请昭仪为后，帝意决，下诏废后"。所谓"前憾"，其实就是指小公主死亡一事。《新唐书》认为，唐高宗废黜王皇后是"厌胜"事件与小公主之死两件事促成的。不过，《新唐书》前面就已经认定，小公主是武则天所杀，然后嫁祸给王皇后的，但实际上与王皇后无关，只是唐高宗认为与王皇后有关而已。前提不成立，所以结论也就不成立了。

事实上，如果唐高宗能够查到王皇后杀害小公主的证据，恐怕他早已废掉了王皇后。由于他"不能察"，所以也只是怀疑是王皇后杀害了小公主。就在长孙无忌等大臣反对唐高宗废黜王皇后期间，唐高宗找遍了所有想要废黜王皇后的理由，但从来没有提及王皇后曾有杀害小公主一事，这也从侧面证明了唐高宗认为王皇后杀害小公主的可能性特别小。

至于王皇后，她会亲自杀害小公主吗？如果她去看望小公主之后，小公主就被杀害了，她能逃脱干系吗？恐怕王皇后不会傻到干出这种蠢事吧？更何况唐高宗一直在寻找废黜她的理由，她要是杀害了小公主，哪怕是做出让人怀疑她杀害了小公主的行为，不都是自寻死路吗？所以说，小公主之死与王皇后无关。

武则天有必要杀女上位吗？

既然王皇后没有杀害小公主，有人就认为是武则天为当皇后故意杀女嫁祸给王皇后的，但武则天有必要通过这种方式上位吗？

事实上，唐高宗一直都不宠幸王皇后，最初宠幸的是萧淑妃，后来又宠幸武则天，一位不受宠并且无子嗣的皇后被废只是迟早的事。

唐高宗宠幸武则天之后，就想以"莫大之罪，绝嗣为甚。皇后无胤息，昭仪有子，今欲立为皇后"（《旧唐书·褚遂良传》）为由，废黜王皇后，改立武则天为皇后了。由于长孙无忌等人的反对，所以并没有成功。

为了改立武则天为皇后，唐高宗甚至不惜大封长孙无忌的3个儿子，并且以金钱宝物贿赂长孙无忌。据《资治通鉴》记载："与昭仪幸太尉长孙无忌第，酣饮极欢，席上拜无忌宠姬子三人皆为朝散大夫，仍载金宝缯锦十车以赐无忌。上因从容言皇后无子以讽无忌，无忌对以他语，竟不顺旨，上及昭仪皆不悦而罢。"唐高宗依然没有如愿以偿。

后来，又发生了"厌胜"事件，唐高宗废黜王皇后的想法越来越强烈了，但依然遭到长孙无忌等人的反对。中书舍人李义府善于揣度皇帝的心思，便上表奏请废黜王皇后，改立武则天为皇后，唐高宗这才力排众议，废掉了王皇后，并册封武则天为皇后。

从王皇后被废黜到武则天当上皇后的过程来看，小公主之死对于武则天打压王皇后来说几乎没有起到任何作用，武则天能够当上皇后完全凭借着唐高宗对她的宠幸，所以她根本就没有必要残杀自己的亲生女儿去嫁祸给王皇后。

事实上，骆宾王在《讨武曌檄》中列举武则天各大罪状时，甚至有"杀姊屠兄，弑君鸩母"之类的诬陷，但却没有提及武则天杀女一事。如果武则天真有杀女之举，哪怕是传闻，骆宾王会置之不理吗？

王皇后没有谋杀小公主，而武则天也不会谋杀亲生女，那么小公主是怎么死的呢？针对此事，《唐会要》的记载还是比较真实的。《唐会要》记载说，"昭仪所生女暴卒"，所谓"暴卒"就是得急病突然死亡。婴儿夭折在医学落后的古代非常常见，而小公主很有可能就是骤然夭亡。

小公主暴卒原本只是一个偶然事件，但却被武则天拿来诋毁王皇后，这也足以看出武则天为上位确实不择手段。

"武则天杀女"一事起初只是《旧唐书》中的一个"注解"，到后来的《新唐书》以及《资治通鉴》，记载逐渐变得详细，但这不过是后人的加工杜撰罢了。当然，这更是男权时代的男人对女人称帝的一种极端的偏见。

真实的法海有没有拆散过许仙与白素贞？

《白蛇传》中，法海为拆散许仙与白素贞，不惜破戒撒谎将许仙骗进金山寺，还将许仙软禁在金山寺。白素贞为救许仙，不惜水漫金山，最终因触犯天条被镇压在雷峰塔下。两人终究还是被法海拆散了。但历史上真实存在的法海到底有没有做过拆散他人婚姻的事儿呢？

法海是如何拆散许仙与白素贞的？

在《白蛇传》中，修炼千年的白蛇白素贞幻化成绝世美女，想以身相许来报答 1700 年前许仙的救命之恩。

在杭州西湖，白素贞施展法术，假装与许仙邂逅。两人相识后，逐渐相爱并结为夫妻。

法海想要收服白素贞，便将许仙骗到金山寺并软禁在金山寺。白素贞得知许仙被软禁，便到金山寺要人。法海不肯释放许仙，白素贞一气之下引来钱塘江水，水淹金山寺。结果，淹死了无数的无辜生命，白素贞也因触犯天条而被法海镇压在雷峰塔下。

许仙认为白素贞"水漫金山"是因他而起，内心无比愧疚，便出家修行，希望能够帮助白素贞早日脱离苦海，飞登仙界。

许仙出家了，而白素贞也被镇压在雷峰塔下，自此法海成功地拆散了一段姻缘。

真实的法海是个什么样的人？

许仙和白素贞只是民间传说中的人物，历史上并不存在，而历史上法海禅师却真实存在过。

法海，俗名裴文德，是唐代宰相裴休之子。裴文德天生聪慧，后来高中状元，被皇帝封为翰林。

裴休信奉佛教，曾捐款修建密印寺。当时，皇子病重，御医回天乏术，裴休便将儿子裴文德送进密印寺代皇子修行。裴文德拜在住持灵佑禅师的门下，并被赐号"法海"。

在密印寺，法海日日苦修，为僧众劈柴三年，又挑水三年。有一次，法海在挑水期间抱怨道："和尚吃水翰林挑，纵然吃了也难消。"不曾想，这话却被灵佑禅师听到了。灵佑禅师对他说："老僧打一坐，能消万担粮。"法海听后，羞愧不已，从此开始心甘情愿地为寺庙辛勤劳作。

苦修结束后，法海开始闭关参禅。三年期满，法海已在佛学上造诣很高。为了寻找禅法的真谛，法海领受师命，云游四海。他从江西庐山一路云游至江苏镇江氏俘山中的泽心寺。

泽心寺始建于东晋，由于多年来一直没有修缮，所以变得残破不堪。法海看到被毁坏的佛像，不禁悲从中来。他燃指供佛，发誓要在这片废墟上重建寺院。

随后，他开山造田，重建寺院。但在挖掘的过程中，他却挖出了一批黄金。法海将黄金上交给镇江太守。镇江太守又将黄金之事上报给皇帝，皇帝听说法海想重建寺庙，于是将全部黄金拨给了法海。皇帝还给寺庙赐名"金山禅寺"，这便是"金山寺"的由来。

寺庙建成后，法海并没有居住在金山寺内，而是住在金山寺附近的一个山洞中修禅。这个山洞后来就成了著名的"法海禅师禅修洞"，而法海因为姓裴也被称为"开山裴祖"。

法海有没有做过拆散他人姻缘的事？

据《金山志》记载："蟒洞，右峰之侧，幽峻奇险，入深四五丈许。昔出白蟒噬人，适裴头陀驱伏。"意思是说，在金山寺附近的山崖上有一个蟒洞，里面住着一条大白蟒，经常出来伤人。被称为"裴头陀"的法海降服并赶走了大白蟒。

"法海降服大白蟒"一事，经过多年的流传，被演绎得越来越神奇，而大白蟒也逐渐演变成可以幻化成人形的蛇妖。到明代时，冯梦龙编撰的《警世通言》中记载说，南宋绍兴年间，有一个修炼千年的蛇妖，幻化成美女白素贞出来蛊惑人心。有一次，白素贞在西湖与许宣（当时还不叫许仙）相遇，两人一见钟情，后来结为夫妻。婚后，许宣发现白素贞屡屡出现怪异现象，无法忍受，于是向金山寺的高僧法海寻求帮助。法海给许宣一个钵盂，许宣将钵盂罩在白素贞的身上，白素贞顿时变成一条大白蛇。法海又用钵盂将白素贞镇压在雷峰塔下。此时，法海的形象还是一位为民除害的英雄。

后来，人们又在此基础上进行改写，说白素贞是为了报答许仙前世的救命之恩才与许仙结为夫妻的。

再后来，当人们反对封建制度对姻缘的束缚、歌颂自由恋爱的时候，白素贞与许仙的爱情故事逐渐得到歌颂，而法海却逐渐被塑造成一个拆散他人姻缘的封建代表。

事实上，作为得道高僧的法海禅师从来就没有做过拆散他人姻缘的事情，不过是后人的杜撰罢了。

赵匡胤有没有杯酒释兵权？

宋太祖赵匡胤陈桥兵变，黄袍加身，从殿前都点检一跃成为天子。为杜绝他人效仿自己，便自导自演了一出"杯酒释兵权"的戏码，轻松解除了开国将领们的兵权。与那些乱杀功臣的开国帝王相比，赵匡胤通过平和的手段来巩固皇权的行为颇受称赞。但有学者考证，"杯酒释兵权"一事纯属后人杜撰。那么，历史上到底有没有发生过"杯酒释兵权"一事呢？

赵匡胤为何要"杯酒释兵权"？

建隆元年（公元960年），赵匡胤问兵部侍郎、枢密副使赵普说："自唐末以来，数十年间，帝王更换了八家，战争不止，生灵涂炭，是什么原因造成的呢？我想停止战争，建立长治久安的国家，应该怎么做呢？"

"陛下有这种想法，是天、地、人、神的福气啊！"赵普恭维道，但话锋一转又说，"之所以会这样，没有其他原因，是由于藩镇的势力太过强大导致君弱臣强。如果想要改变这种格局，没有捷径，唯有削弱他们的权力，控制他们的经济，收回他们的精兵强将，国家才会安定！"

建隆二年（公元961年）七月，赵普曾多次向赵匡胤提议，将曾与赵匡胤结为"义社兄弟"并且掌管禁军的石守信等人调出禁军。赵匡胤说："他们都是我出生入死的兄弟，绝对不会背叛我的！你为什么会如此担忧呢？"

赵普回答说："我并非担心他们会背叛您，但我观察这些人，并非是统御之才，倘若他们无法驾驭部下，军中如果有人想要谋反，给他们来个黄袍加身，到那时就由不得他们了！"赵匡胤恍然大悟，于是摆酒设宴召见石守信等人。

在酒宴上，赵匡胤感叹道："没有你们出力，就没有我的今天，所以我天天念叨你们的功德。但做天子也是非常艰难的，还不如做一个节度使更加快乐！我每天都睡不安稳呐！"

石守信等人面面相觑，不知道赵匡胤葫芦里到底卖的是什么药，便问道："陛下为什么会这样认为呢？"

赵匡胤解释说："这不难理解！天子的位置谁不想坐呢？"

石守信等人感觉不对头，连忙叩头说："陛下何出此言呢？如今天命已定，谁还敢有二心呢？"

"我相信你们不会有二心，但难保你们的部下没有二心。如果有人想要富贵，为你们披上黄袍，即使你们不想干，又能怎样呢？"

石守信等人知道赵匡胤已经开始猜忌他们，便痛哭流涕道："臣等愚昧，恳请陛下怜悯，给我们指条明路吧！"

赵匡胤说："人生如白驹过隙，追求富贵不过是想多积累一些财富，用来享乐，让子孙不至于受穷。你们为什么不放弃兵权，镇守藩镇，购买良田，多置产业，为后世子孙留下无尽的财富呢！你们可以在家中养一些歌女，日日饮酒作乐，颐养天年。我再与你们都结为儿女亲家，咱们君臣之间，不必再互相猜忌，彼此相安，难道不好吗？"

石守信等人拜谢说："陛下为臣等考虑得实在是太周到了，简直是我们的再生父母啊！"

第二天，石守信等人纷纷上疏称病，请求解除他们的兵权。当天，赵匡胤下令将侍卫都指挥使、归德节度使石守信改任天平节度使，殿前副都点检、忠武节度使高怀德改任归德节度使，殿前都指挥使、义成节度使王审琦改任忠正节度使，侍卫都虞候、镇安节度使张令铎改任镇宁节度使。石守信虽然仍旧兼任侍卫都指挥使，但兵权却被收回。

石守信等人的兵权被解除后，赵匡胤如约，将长女昭庆公主下嫁给了王审琦之子王承衍，将次女延庆公主下嫁给了石守信之子石保吉，还让皇弟赵廷美娶了张令铎的女儿为夫人。

以上便是"杯酒释兵权"的整个过程，被李焘详细地记载在《续资治通鉴长编》中。

"杯酒释兵权"一事为何遭受质疑？

事实上，李焘在记载"杯酒释兵权"一事时，曾写下一段注释："此事最大，而正史、实录皆略之，甚可惜也，今追书……王曾《笔录》皆得其实，今从之。文辞则多取记闻，稍增益以丁谓《谈录》。"也就是说，李焘认为"杯酒释兵权"一事非常重大，但正史、实录中却没有记载，由于感到可惜，所以他才标注在《续资治通鉴长编》中。同时，我们也可以看出，李焘所记载的"杯酒释兵权"的史料基本上来自王曾的《笔录》、司马光的《涑水记闻》以及丁谓的《谈录》中的记载。

丁谓的《谈录》是最先记载赵匡胤解除功臣兵权一事的。丁谓曾在宋真宗年间担任过七年宰相。其《谈录》中记载说：

赵普对赵匡胤建议说："不能继续让石守信、王审琦掌管禁军了！"

赵匡胤问道："难道他们二人会造反吗？"

赵普解释说："他们二人虽然不会造反，但他们无法统御部下，难保他们的部下不会造反，到那时，他们便身不由己了！"

赵匡胤说："他们二人深受国家重用，怎么会有负于我呢！"

赵普反驳说："当初周世宗对陛下同样恩宠有加，陛下不是照样辜负了周世宗吗？"

经过赵普的提醒，赵匡胤恍然大悟，于是解除了石守信等人的兵权。但《谈录》中并未言及是通过喝酒的方式解除兵权的。

后来，生活在宋仁宗年间的宰相王曾在《笔录》中记载说："太祖创业，在位历年，石守信、王审琦等犹分典禁兵如故。相国赵普屡以为言，上力保庇之。普又密启请授以他任，于是不得已，召守信等曲宴道旧相乐，因谕之曰：'朕与公等昔常比肩，义同骨肉，岂有他哉？而言事者进说不已，今莫若自择善地，各守外藩，勿议除替，赋租之入，足以自奉，优游卒岁，不亦乐乎？朕后宫中有诸女，当约婚以示无间，庶几异日无累公等。'守信等咸顿首称谢。由是高石王魏之族俱蒙选尚，寻各归镇。"

与《谈录》相比，《笔录》中除记载了赵普劝赵匡胤解除石守信和王审琦的兵权外，还记载了解除高怀德以及一位魏姓将军的兵权。此时，只是提到赵匡胤设宴招待石守信等人，然后解除了他们的兵权。虽然没有提到喝酒，也没有提到关于酒宴期间的君臣对话，但已经具备"杯酒释兵权"的雏形了。

直到宋神宗时期，司马光的《涑水记闻》才绘声绘色地记载了"杯酒释兵权"的详细经过。后来，李焘根据《涑水记闻》、《笔录》以及《谈录》的记载，"还原"了"杯酒释兵权"的整个经过，并写进了《续资治通鉴长编》中。

有些学者之所以质疑"杯酒释兵权"的真实性，是因为宋人编修的官方文书《太祖实录》、《三朝国史》以及由元人编撰的《宋史·太祖本纪》均未提及"杯酒释兵权"一事，唯有宋人的笔记中记载了此事，并且离当事人的时代越久远，记载越详细，所以这些学者认为，此事完全是后人的杜撰。

此外，"杯酒释兵权"还因发生的时间而遭受质疑。宋人笔记中皆未明确记载此事发生的时间，但《续资治通鉴长编》根据石守信等人被解除兵权的时间，将"杯酒释兵权"之事放在建隆二年的七月。这一年的六月初二，赵匡胤的母亲杜太后去世，赵匡胤理应服丧三年。服丧期间是禁止喝酒的，所以"杯酒释兵权"一事纯属子虚乌有。

不过，《宋史·石守信传》中记载"杯酒释兵权"一事发生在乾德（公元 963—968 年）初年："乾德初，帝因晚朝与守信等饮酒……明日，皆称病，乞解兵权，帝从之，皆以散官就第，赏赉甚厚。"

但《宋史·王审琦传》中记载"建隆二年，（王审琦）出为忠正军节度"，《宋史·高怀德传》中记载"建隆二年，（高怀德）改归德军节度"。石守信实际上是与王审琦、高怀德同时被解除兵权的，因此，"杯酒释兵权"不可能发生在乾德年间，也就是说《宋史·石守信传》中的记载是错误的。

如何判断"杯酒释兵权"的真实性呢？

想要判断"杯酒释兵权"的真实性，可以从四个方面来判断：

第一，记载者的可信度。

《谈录》是一部记载丁谓言谈的书籍。有人认为是丁谓所著，也有人认为是丁谓的外甥潘延所著。不管是何人所著，其中记载之

109

事"皆颠倒是非，有乖公论"，因此，暂不能证明赵匡胤"杯酒释兵权"一事是真是假。

《笔录》的作者王曾被誉为一代贤相。据《宋史》记载，王曾为人"端厚持重，眉目如画。在朝为官，进退有礼，平时寡言少笑"，从不偏信流言蜚语。天圣四年（公元1026年）夏，天降大雨。传言汴河决口，将水淹京城，城内百姓惶恐不安，打算向东逃难。宋仁宗询问王曾的意见，王曾说："黄河决口，一定会有奏报传至朝廷，如果没有奏报传来，必定是民间的谣传，不足为虑！"事后，果然被证明是谣传。王曾为人正直，著书严谨，断然不会编造"杯酒释兵权"之事。

至于《涑水记闻》的作者司马光，恐怕人尽皆知，此人曾主编过中国第一部编年体通史《资治通鉴》。他著史相当严谨，也断然不会毫无根据地为"杯酒释兵权"杜撰细节。

从记载者的可信度来看，"杯酒释兵权"一事应当曾经发生过。

第二，服丧期间可以喝酒吗？

杜太后去世，赵匡胤应当服丧三年。服丧期间，理应禁止饮酒、娱乐。但《宋史·礼志》记载："太常礼院言：……准故事，合随皇帝以日易月之制，二十五日释服，二十七日禫除毕，服吉，心丧终制。"意思是说，皇帝服丧可以"以日易月"。三年丧期，实际上只有共计二十五个月。如果以日易月，赵匡胤只需要服丧二十五天。

杜太后六月初二去世，赵匡胤六月二十七日便可脱去丧服。而"杯酒释兵权"则发生在七月，赵匡胤完全可以宴请大臣喝酒。

此外，《宋会要辑稿》曾记载赵匡胤于七月十九在广政殿大宴群臣。赵匡胤既然可以大宴群臣，为什么不可以设宴招待几位将军呢？所以说，学者们对"杯酒释兵权"发生的时间的质疑不成立。

第三，赵匡胤有没有"杯酒释兵权"的习惯呢？

"杯酒释兵权"的主要内容是解除石守信等人的兵权，至于是否是在酒桌上解除的，还要看赵匡胤有没有"杯酒释兵权"的习惯。

北宋著名诗人王巩在《闻见近录》中曾记载："太祖即位，方镇多偃蹇，所谓十兄弟者是也。上一日召诸藩镇，授以弓剑，人驰一骑，与上私出固子门大林中，下马酌酒。上语藩镇曰：'此处无人，尔辈要作官家者，可杀我而为之。'藩镇伏地战栗。上再三谕之，伏地不敢对。上曰：'尔辈既欲我为天下主，尔辈当尽臣节，今后无复偃蹇。'藩镇再拜呼万岁，与饮尽醉而归。"意思是说，赵匡胤刚刚继位，藩镇大多骄纵，为非作歹。赵匡胤召集他们到树林中喝酒，对他们说，如果他们想当皇帝，可以趁此良机杀了他。藩镇们惊恐万分，伏在地上，连连声称不敢。赵匡胤说："你们既然拥立我当皇帝，就要有当臣子的样子，今后就不要再为非作歹了！"当天，众人高呼万岁，赵匡胤与他们大醉而归。

由此可见，赵匡胤的确有"杯酒释兵权"的习惯。赵匡胤一生嗜酒如命，在酒桌上解除石守信等人的兵权也在情理之中。

第四，酒桌上能否解决兵权问题？

针对"杯酒释兵权"一事，乾隆皇帝曾在《乾隆御批通鉴》中批注说："读史者率以宋祖'杯酒释兵权'为不动声色而措天下之安，此鄙见也。守信数人若果不可制，岂数言委曲规讽所能罢其典兵者？彼时宋主英勇固出数人之上，操纵由己，消患未然。守信诸人方承命不暇，又何敢有异议乎？史家无卓识，徒于杯酒诡辞处炫奇，以为秘计神谋，而不于宋主英断勇为处着眼，而后世遂以是为妙策独出。吁！可笑矣！"

正如乾隆所言，石守信等禁军将领的确都在赵匡胤的掌控之中。就在"杯酒释兵权"之前，赵匡胤就解除了禁军最高将领殿前都点检、镇宁节度使慕容延钊以及侍卫亲军都指挥使韩令坤的兵权，将他们分派到地方任节度使。四个月后，赵匡胤才解除石守信等人的兵权，也同样将他们改任地方节度使。

既然一切都在赵匡胤的掌控之中，当他在酒桌上委婉地提出让石守信等人交出兵权时，石守信等人又岂敢不从呢？

综上所述，"杯酒释兵权"应当真真切切地发生过。宋朝官方史籍之所以没有记载，或许是因为史官认为，此事不足为奇，没有记载的必要，而后人正如乾隆所言，认为"杯酒诡辞处炫奇，以为秘计神谋"，才会大书特书。

杨继业是被潘仁美害死的吗？

杨家将的故事想必是妇孺皆知，而杨继业的忠臣形象以及潘仁美的奸臣形象也早已深入人心。潘仁美勾结辽人，陷害杨继业，导致杨继业兵败金沙滩。杨七郎杀出重围，向主将潘仁美求援，但潘仁美不愿相救，导致杨家军全军覆没。杨继业不愿被俘，一头撞死在李陵碑前。然而这些都是民间传说，历史上真实的杨继业到底是不是被潘仁美害死的呢？

潘仁美是不是奸臣？

民间传说中，潘仁美是个大奸臣，他处处与杨家将作对，并勾结辽人，图谋大宋，害死了杨继业。但历史上其实并不存在潘仁美这个人，他的原型是韩国公潘美。

潘美，字仲询，大名（今河北省邯郸市大名县）人。潘美年轻的时候，不仅风流倜傥，而且胸怀大志，他曾对朋友说："后汉即将灭亡，奸臣当道，祸乱朝纲，天下已有改朝换代的征兆。大丈夫如果不在此时建功立业，谋求富贵，而选择碌碌无为与万物一同消亡，实在是耻辱啊！"

周世宗在担任开封府尹期间，潘美曾以侍从官的身份侍奉周世宗。周世宗称帝后，潘美被任命为供奉官。潘美英勇善战，曾在高平之战中立下大功，被提拔为西上阁门副使。周世宗准备攻打陇蜀之地时，任命潘美统领永兴之地的屯兵并管理西部战事。

开宝三年（公元 970 年），宋太祖赵匡胤任命潘美为行营诸军督部署、朗州团练使征讨岭南。潘美一举攻克贺州后，又连下昭、桂、连三州，迫使西江各州不战而降。随后，潘美又移军韶州，大败十万敌军，斩首数万人，迫使南汉后主刘继兴求和。但潘美却对刘继兴说："皇上说了，能战，你们就与我们血战到底；不能战，你们就坚守城池；不愿投降，就让你们死！不能让你们死，就赶走你们！不接受求和！"

刘继兴不愿投降，率领 15 万大军固守阵地，以待宋军。潘美与部将商议说："敌军用竹木编织成栅栏，如果采用火攻，敌军一定大乱，然后我们趁机派遣精兵夹击敌军，便可将其一举击溃！"当晚，潘美派出几千士兵，手拿火把，秘密行至敌营后，点燃火把，投向栅栏。由于当时风大，大火顿起。刘继兴大惊，率领士兵攻打潘美。潘美率军两面夹击，大败刘继兴，斩首数万人。潘美乘胜追击，一举攻克广州，俘虏了刘继兴。

后来，潘美又平定了金陵、并州等地，并击退辽军，被封为代国公，后来又改封为韩国公。

纵观潘美的一生，可谓是功勋卓著，鲜有败绩，并且为人正直忠诚。那么，他谋害过杨继业吗？

杨继业之死与潘美有关吗？

历史上其实并不存在杨继业这个人，而杨继业的原型是北汉麟州刺史杨业。

杨业，并州太原（今山西太原）人。年轻时洒脱不羁，喜欢行侠仗义，擅长骑马射箭，喜欢打猎，他所射杀的猎物常常比其他人多一倍。他曾对朋友说："我将来当将军用兵打仗时，也要像今天用鹰犬追逐野鸡、山兔一样！"杨业20岁左右的时候被北汉开国君主刘崇任命为保卫指挥使。

杨业在军中素来以勇猛著称，并且屡立战功，因此被国人称之为"杨无敌"。

宋太宗赵光义急攻太原时，杨业力劝英武帝刘继元投降，以保全百姓的生命与财产。赵光义一向钦佩杨业的威名，在刘继元投降后，立刻召见了杨业，并任命他为右领军卫大将军。

由于对镇守边疆经验丰富，杨业很快又被任命为代州兼三交驻泊兵马都部署。

不久，契丹人进攻雁门关，杨业亲率数千精锐骑兵从西陉出发，由小道直奔雁门关北口，再南下绕到敌人背后袭击敌人。结果，大败契丹军。从此以后，契丹人一看到杨业的军旗，便望风而逃。

杨业屡立战功，遭到边疆主将的嫉恨，所以他们经常上疏诋毁杨业。不过，皇帝不但不相信这些诋毁，反而还将诋毁他的奏疏封好交给杨业。

雍熙三年（公元986年），宋军北伐，任命忠武军节度使潘美为云、应路行营都部署，杨业为潘美的副将，另派西上阁门使、蔚州刺史王侁，军器库使、顺州团练使刘文裕监护军队。

宋军接连攻下云、应、寰、朔四州，大军进驻桑干河。后来，由于战事不利，被迫撤退，潘美、杨业等人回到代州。

不久，朝廷下令让潘美、杨业等人护送云、应、寰、朔四州的百姓迁往内地。这时，辽国的萧太后率领十余万大军已攻占了寰州。

杨业对潘美等人建议说："现在辽军兵锋正盛，不适合与他们作战。朝廷命我们迁移百姓，我们只需要从大石路出发，先派人密告云州、朔州守将，等大军离开代州之后，命云州的百姓先出发。待我们的军队到达应州，辽军必定迎战。此时，让朔州的百姓出城，直接进入石碣谷。我们预先派一千名弓弩手埋伏在谷口，让骑兵增援中路，如此一来，便可以确保三州百姓的安全了！"

王侁反驳说："我们统领数万精兵，竟然畏惧懦弱到如此地步，真是耻辱！我军只管击鼓前进，直奔雁门北川！"其他将领也都纷纷表示支持。

杨业苦苦劝说道："如果你们坚持这样做，注定会失败的！"

王侁挪揄道："将军一向号称'杨无敌'，如今看到敌人却畏缩不前，屈服不战，难道你还有其他打算吗？"

杨业大怒，解释说："我杨业又岂会是贪生怕死之人？只是此时作战对我们不利，只会让士兵白白送死。如今你竟然责备我贪生怕死，那就让我做先锋吧！"

临行前，杨业哭着对潘美说："此次行动必定不利，但大家都不相信！我杨业是太原的降将，原本该死，皇上不杀我，还任命我为将帅，授予兵权。我之所以建议不进攻并非是想要放走敌人，而是在等待有利时机，立下尺寸之功，来回报国恩。今天诸将以贪生怕死来责备我，我应当率先战死在敌人手中！"杨业指着陈家谷口向潘美建议说："诸将可以事先在那里设下步兵和弓弩手，作为左右翼，用来增援。等我转战至此，你们再用步兵两面夹击营救，不然我们就会全军覆没的！"杨业率军离开后，潘美与王侁等人立刻率领大军在陈家谷设下埋伏。

潘美与王侁从凌晨等到上午，一直没有等到杨业。王侁登上托逻台观望敌情，以为契丹军已经逃跑，想要争功，于是率军离开了陈家谷。潘美不能制止，于是向西南方行进 20 里。突然，有士兵来报，说杨业战败，潘美立刻率军撤退。

杨业从中午杀到日落，且战且退，一直退到陈家谷，却发现这里空无一人。杨业不禁捶胸顿足、号啕大哭起来。他对身边仅剩的百名士兵说："你们都有父母妻子，与我一起战死，没有任何好处，还是赶快撤离，向皇上汇报战况吧！"士兵们感动得泣不成声，都不愿离开。

杨业继续率领士兵死战，身受重伤数十处，依然奋力拼杀。等到士兵全部战死后，他还杀死了将近百名敌人。由于战马负伤，无法前进，杨业被活捉，儿子杨延玉战死。

契丹人敬重杨业，原本想招降杨业，但杨业却说："皇上对我恩重如山，我本打算征讨贼寇、保卫边疆来报答皇上，却反被奸臣所害，导致战败，有何面目苟活于世！"他绝食而死。

皇帝听说杨业战死，极为悲痛。他下诏说："拿起武器，保卫国家；听到军鼓，思念将帅。竭尽全力与敌寇死战，气节忠诚超越常人，不追悼推崇，不足以表彰忠烈！云州观察使杨业的忠诚坚如金石，浩然正气激荡风云。自从委以重任，屡立战功，率领英勇之士，保卫边疆。然而，诸将却毁约不予救援，致使杨业孤军奋战，被困沙漠。其勇猛之状，犹如狂风，将士死战，不愿生还。古往今来，有谁能够做到这种地步呢？现追赠杨业为太尉、大同军节度使，赏布帛一千匹，粮食一千石。"与此同时，潘美被连降三级，王侁被削去官籍并发配到金州，刘文裕也被削去官籍并发配到登州。

由此来看，对杨业之死负主要责任的应当是王侁。由于王侁贪功，不顾杨业先前的约定，率领大军离开了陈家谷，进而导致潘美也离开了陈家谷，杨业才会战死。

不过，杨业之死，潘美也应当负一定的责任。他所负的责任是　　117

身为主将没能制止王侁离开陈家谷，并且自己也离开了陈家谷，还在听到杨业战败的消息之后，迅速撤退，不去营救。但潘美绝对不是奸臣，也不是害死杨业的元凶。

武大郎高大威猛，而潘金莲也并非荡妇？

我们所熟知的武大郎身高不满五尺，长相奇丑，因此，被乡里人称作"三寸丁谷树皮"。潘金莲虽然长得娇艳欲滴，但与西门庆通奸并毒杀亲夫武大郎，因此，数百年来一直被视作荡妇。然而，近年来却有人为武大郎和潘金莲翻案，认为武大郎其人长得高大威猛，而潘金莲也并非荡妇，是一位贤妻良母，两人是一对恩爱情深的夫妻。但事实是这样的吗？

世人眼中的"三寸丁"武大郎与"荡妇"潘金莲

人们对武大郎与潘金莲的了解基本上都来自小说《水浒传》与《金瓶梅》，而《金瓶梅》又是在《水浒传》的基础上创作的。

据《水浒传》描述，武大郎自幼父母双亡，与弟弟武松相依为命。武家家境贫寒，武大郎以卖炊饼为生。

潘金莲是清河县大户人家的婢女，因长相貌美，被主人看中。有一天，主人想要对潘金莲行不轨之事，潘金莲不但不肯就范，反而还将此事告诉了女主人。主人怀恨在心，不惜倒赔彩礼，将她嫁给了武大郎。

眼睁睁地看着好白菜被猪拱了，清河县里的浪荡公子们对此愤愤不平。他们隔三岔五就去武大郎家里调戏潘金莲，并且想要非礼潘金莲。武大郎为人懦弱，不敢招惹他们，只好将家搬到了阳谷县。

街坊邻里都认为潘金莲是个淫妇，并说："（潘金莲）无般不好，为头的爱偷汉子。"果不其然，在武松景阳冈赤手空拳打死老虎回家之后，潘金莲淫念横生，多番想要勾搭武松，但武松不好她这口，所以不为所动。

有一天，潘金莲正在叉窗户，叉杆失手落下，正好砸在了西门庆的头上。西门大官人正要发怒，抬头却看到了如天生尤物一般的潘金莲，顿时春心荡漾，眉笑颜开。从此，西门庆便惦记上了潘金莲。

西门大官人一向擅长撩妹。为了勾引潘金莲，便去贿赂开茶坊的王婆，让王婆帮他从中牵线。在王婆的撮掇下，西门庆与潘金莲很快勾搭成奸。两人就像干柴烈火一般，整日过着巫山云雨的生活。

正当此时，卖梨的郓哥将西门庆与潘金莲通奸的事告诉了武大郎。武大郎非常气愤，便去找西门庆理论，并警告西门庆让他今后夹着尾巴做人，但不曾想却被西门庆踹成重伤。

武大郎躺在床上半个多月，潘金莲从来不管不问，还每天打扮得花枝招展，然后上门与西门庆行云雨之事。

后来，潘金莲与西门庆为了可以毫无顾忌地夜夜笙歌，决定一不做二不休毒死武大郎。武大郎就这样被潘金莲用砒霜毒死了。

翻案后的武大郎与潘金莲

近来，有人认为《水浒传》中生活在宋朝年间的武大郎就是生活在明朝永乐年间的清河县县令武植。

武植，山东清河县人，早年丧父，与母亲相依为命，被县里人称为"武大郎"。他能文能武，中年时考中进士，并被朝廷任命为山东阳谷县县令。在担任县令期间，他为官公正廉洁，深受当地百姓爱戴。

知州在武植尚未考中进士前就特别器重他，不但在经济上资助他，还将女儿嫁给了他。武植夫妻非常恩爱，并且生下4个儿子。

武植年少时，家境贫穷，挚友黄堂曾多次资助他。后来黄堂家道中落，听说武植在阳谷县做县令，便去投奔武植，想要谋得一官半职。但让他万万没有想到的是，武植虽然每天好酒好菜地招待他，却始终不肯提携他。黄堂非常恼怒，为报复忘恩负义的武植，便四处诋毁武植与其妻子，还在县里四处张贴诋毁他的告示。为了搞臭武植，黄堂还联合曾经被武植严惩过的恶霸西门庆一起诋毁武植。

俗话说，好事不出门，坏事行千里。不久，武植便成了人们口耳相传的"三寸丁"，而妻子也成了人尽可妻的荡妇。

此外，根据武植墓中的尸骨推算，武植身高至少一米八，而并非"三寸丁"。

武大郎与潘金莲到底是什么样的？

如今，在清河县的武植墓的碑文上还仍旧写着："武公讳植字田岭，童时谓大郎，暮年尊曰四老。公之夫人潘氏，名门淑媛。公先祖居晋阳郡，系殷武丁裔胄，后徙清河县孔宋庄定居。公幼年殁父，与母相依，衣食难济。少时聪敏，崇文尚武尤喜诗书。中年举进士，官拜七品，兴利除弊，清廉公明，乡民聚万民伞敬之。"

人们认为，根据这段碑文来看，《水浒传》中的武大郎就是武植。事实上，这段碑文不过是1996年当地人在重修武植墓时写上的，并非是从古墓中挖掘出来的，所以根本就无法证明《水浒传》中的武大郎就是清河县县令武植。

也有人认为，《水浒传》的作者施耐庵是根据武植被诋毁的故事创作的。事实上，武植是在明朝永乐年间（公元1403—1424年）考上举人的，而明朝首次举办科举考试是在洪武三年（公元1370年），施耐庵也正是在这一年去世的，所以施耐庵根本无法听到武植当上县令之后的事，更不可能将其创作到《水浒传》中。

即便如少数人所说，《水浒传》是由施耐庵与罗贯中共同创作的，而罗贯中去世的时间大约是在公元1400年，永乐年间是在公元1403年至1424年，所以罗贯中也几乎不可能将武植之事写进《水浒传》。

我们不排除历史上确实存在武植这个人，也不排除武植被人称为武大郎，但此武大郎并非《水浒传》中的武大郎，武植之妻也并非潘金莲。

至于为什么会有"武大郎高大威猛，潘金莲是贤妻良母"的论调，甚至出现施耐庵的后人向武大郎与潘金莲的后人道歉的事，恐怕只有争抢孙悟空故里的人最能理解。

沈万三是否曾因富致祸？

相传，江南首富沈万三因修建南京城墙并花费百万两黄金犒赏三军而触怒了明太祖朱元璋，不但万贯家财被没收，就连自己也被发配到云南边陲之地，最终凄凉地老死于云南。这段故事不但在民间广为流传，就连《明史》中也有明确记载，以至于人们对此深信不疑，但历史上真的存在这样的事吗？

沈万三是如何聚集财富的？

沈万三，原名叫沈富，但为什么会被人称为"沈万三"呢？据清代学者高士奇《天录识余》记载："洪武初每县分人为哥、畸、郎、官、秀五等。家给户由一纸，哥最下，秀最上。每等中又各有等。巨富者谓之万户。三秀，如沈万三秀，乃秀之三才。"沈万三是江南巨富，属于"万户"，又处在"秀"的第三等，因此，被称为沈万三或沈万三秀。《明史》称沈万三为"沈秀"。

关于沈万三致富的原因，有三种说法：

垦殖说

沈万三祖籍浙江湖州，后来随父亲沈佑迁至江苏苏州的周庄。周庄有"中国第一水乡"之称，但在沈家到来之前，这里还只是一片肥沃而尚未开垦的荒芜之地。沈家一到周庄，便开始大力发展农业。

123

等到沈万三执掌家业时，便开始兴修水利，广招佃农，出租田地，发放高利贷。

苏州和杭嘉湖地区一向被视作全国的"粮仓"，有"苏湖熟，天下足"之说，就连元大都所需要的粮食也大多由南方供应。沈万三作为"售粮大户"，"产益广，赀益饶"。

沈万三的孙儿沈庄的墓志铭中曾记载说："其先世以躬稼起家……大父富（沈万三）嗣业弗替，尝身帅其子弟力稼事，又能推恩以周急难，乡人以长者呼之。"这也足以证明沈家确实是由"躬稼起家"。后来，沈万三"好广辟田宅，富累金玉"，以至"资巨万万，田产遍于天下"。

分财说

根据《周庄镇志》记载："沈万三秀之富得之于吴贾人陆氏，陆富甲江左…尽与秀。"

此外，明朝授礼部主事杨循吉也曾在《苏谈》一书中记载说："元时富人陆道源，皆甲天下……暮年对其治财者二人，以资产付之……其一即沈万三秀也"。

由于陆氏非常欣赏沈万三的经济头脑以及为人，所以将巨额财产赠送给了沈万三，沈万三才得以富甲江南。

通番说

如果沈万三仅仅凭借田产以及他人的馈赠，恐怕很难富可敌国的，真正让沈万三富可敌国的应当是海外贸易。

据《吴江县志》载："沈万三有宅在吴江二十九都周庄，富甲天下，相传由通番而得。"著名历史学家吴晗也认为："苏州沈万三一豪之所以发财，是由于做海外贸易。"

元朝时，海运已相当发达，与国外贸易频繁。周庄"东走沪渎，南通浙境"，水路四通八达。沈万三便将周庄作为与海外通商的基地，将江浙一带的丝绸、瓷器以及手工艺品等运往海外，然后再将海外的珠宝、象牙、犀角、香料以及药材等运回中国。很快，沈万三便积累了富可敌国的财富。

沈万三为何会因富致祸？

据说，朱元璋刚建都南京时，由于数年征战耗费巨大，导致国库空虚，所以没有资金修建城墙。沈万三听说后，自告奋勇，提出要出资修建从洪武门到水西门之间的城墙。

朱元璋与沈万三约定同时开工，比赛看谁最先修完。在修建期间，沈万三聘请了一流的匠师并亲自监工，结果比朱元璋还提前三天竣工。

在庆功宴上，朱元璋笑着对沈万三说了一番意味深长的话："古代有白衣天子之说，号称素封，你就是白衣天子啊！"

天无二日，国无二君，一个国家怎么可能同时拥有两个天子呢！沈万三都快被吓尿了，连忙叩头谢罪。

不久，沈万三为讨得朱元璋的欢心，请求犒赏三军。朱元璋说："我有百万士兵，你能犒赏得过来吗？"

沈万三底气十足地回答说："每个士兵犒赏一两还是不成问题的！"

朱元璋脸色大变，呵斥道："我的军队还轮不到别人来犒赏！"随即，他将沈万三关进监狱，准备杀掉。

据《明史·后妃传》记载："吴兴富民沈秀者，助筑都城三之一，又请犒军。帝怒曰：'匹夫犒天子军，乱民也，宜诛。'后谏曰：'妾闻法者，诛不法也，非以诛不祥。民富敌国，民自不祥。不祥之民，天将灾之，陛下何诛焉！'乃释秀，戍云南。"意思是

125

说，朱元璋认为沈万三犒赏三军图谋不轨，应当诛杀。但马皇后劝谏说，富可敌国是一件不祥的事，不祥的人上天自会降祸，何必要您亲自动手呢！于是，朱元璋便将沈万三发配到了云南。

沈万三有没有因富致祸的可能性呢？

想要知道沈万三有没有因富致祸的可能性，只需要弄清楚沈万三生活在哪个年代即可，如果沈万三去世之后朱元璋才登基称帝，那么，因富致祸之事便不攻自破。

沈万三的出生年月如今已经无法考证，但去世时间却可以考证。据《吴江县志》记载："张士诚据吴时万三已死，二子茂、旺密从海道运米至燕京。"张士诚攻占平江路时，是在元惠宗至正十六年（公元 1356 年）二月。朱元璋于公元 1368 年建立大明王朝，此时沈万三已经去世至少 12 年了。

《吴江县志》的记载是否可靠呢？我们可以从两个方面来加以印证：

首先，根据沈万三子孙的年龄来推算

与朱元璋生活在同一时代并且两度在沈家担任门馆先生的王行在《沈荣甫墓志铭》中记载说："荣父，姓沈氏，讳荣，世为苏之长洲人，考富（即万三），妣曾。生于元大德十年（公元 1306 年）春正月闰之甲申。"此外，《沈茂卿墓志铭》也记载说："茂卿，讳森，姓沈氏，茂卿其字也。世吴人，祖富，父荣，妣叶，生元天历二年（公元 1329 年）腊月壬寅。"

沈荣是沈万三的儿子，沈茂卿是沈万三的孙子，洪武元年（公元 1368 年）时，沈荣已经 62 岁，沈茂卿也已经 39 岁。宋、元、明三代，法令规定男子 16 岁即可结婚。就算沈万三 16 岁结婚并且于当年生下沈荣，那么，此时沈万三至少也有 78 岁了。

根据《明史·后妃传》记载，沈万三曾被发配云南。但明朝大将傅友德、蓝玉、沐英是于洪武十四年（公元 1381 年）进军云南，并于洪武十五（公元 1382 年）年平定云南。想将沈万三发配到云南，至少要等到明军控制云南之后才行。就算明军控制云南之后立刻将沈万三发配到云南，那么此时沈万三已将近百岁。沈万三能够活到近百岁吗？即便沈万三能够活到百岁，朱元璋一向以孝治天下，又岂会将一个百岁老人发配到云南呢？

其次，根据可靠文献记载推断。

《沈荣甫墓志铭》中曾记载说："初，荣父（即沈荣）之先君子（即沈万三）游于故侍讲袁文清之门，公每嘉其敦信义。时楚之长沙攸县人冯子振方张声誉，号海粟，以文翰自矜许，来吴必主之，深加爱厚，为大书'积善'二字，殆以表其志也。及荣父持家政，乃筑堂构宇，以冯书揭诸题间，既承夫先志，又以勖其后人，是足以见其好善之心矣。"

从"及荣父持家政"可以看出，沈万三去世后，是由其子沈荣掌管家业的。再从"先君子"来看，也足以证明沈万三比沈荣去世得早。沈荣死于洪武九年（公元 1376 年），那么沈万三逝世肯定是在公元 1376 年之前，而云南被朝廷控制是在公元 1382 年，这也足以推翻《明史》记载的沈万三被发配云南之说。

沈万三曾经拜访过元侍讲学士袁桷（谥号"文清"），袁桷对他大加赞赏。袁桷于公元 1327 年去世，离大明王朝建国相隔 41 年。而冯子振也曾经多次到沈万三家登门拜访，并为他题写"积善"二字。据《元史·陈孚传》记载，陈孚与冯子振为同时期人，而陈孚卒于元大德七年（公元 1303 年），离大明王朝建立相隔 65 年。沈万三能够同时与袁桷、冯子振结交，也足以证明其为元朝人。

从"及荣父持家政，乃筑堂构宇，以冯书揭诸题间，既承夫先志，又以勖其后人"来看，积善堂是在沈万三去世后由沈荣所建造。

吴县著名高僧释妙声曾为积善堂题诗一首，名叫《沈氏积善堂》。诗中写道："翰林宾客散如云，积善于今喜有君。背郭堂成因旧扁，传家书在足前闻。屋头雨过乌尤好，池上风清鹤不群。我亦袁公门下客，题诗三叹感斯文。"

根据《四库全书总目提要》记载："妙声字九皋，吴县人，元末居景德寺，后居常熟慧日寺，又主平江北禅寺。洪武三年与释万全同被召，莅天下释教。所作诗文，缮写藏之山房……妙声入明时，年已六十余，诗文多至正中所作，故顾嗣立《元诗选》亦录是集。"释妙声的诗歌大多为中年所作，再加上《沈氏积善堂》一诗语气为元朝末年所作，也足以证明沈万三死于元朝末年。

那么，沈万三最有可能出生在哪一年，又去世于哪一年呢？沈万三的儿子沈荣出生于公元 1306 年，按照元朝法定结婚年龄为男子 16 岁来算，沈万三应当出生在公元 1290 年以前。根据明人碑记记载，周庄永庆庵的创建是"元至正八年（公元 1348 年）僧智修依里人沈万三，乞水西田数亩结茅于此"。由此可以证明公元 1348 年沈万三还活着。再加上《吴江县志》中"张士诚据吴时万三已死"，可以推断，沈万三应当死于公元 1348 年到公元 1356 年之间。

综合以上两点，我们可以看出，沈万三在朱元璋称帝之前就已经去世了，所以根本无法与称帝后的朱元璋有任何交集，更不可能因福致祸了。

沈万三的财富遭受过冲击吗？

据说，沈万三被发配云南时，大半财产被没收。但沈万三的财产有没有被没收过呢？目前，我们已经无法判断沈万三的财富了，只能通过沈家后世子孙的财富来推断。

洪武二十一年（公元 1388 年），朝廷命苏州府举荐人才，沈万四（沈万三的弟弟）的孙子沈玠和沈万三的姻亲莫礼均被任命为户部员外郎。洪武二十二年，据莫礼的玄孙莫旦的《弘治吴江志》记载，沈玠与莫礼在早朝期间恳请辞官，并说："臣等田地家财都是上位保全底，又蒙赐俸，难以消受，敢辞。"此外，据隆庆五年《长洲县志》记载，沈玠在辞官时说："臣诚不敢以富饶故妨诸户家，念臣一门屡蒙恩宥，保有妻孥田庐已逾素望，又居尊官，荣逮父祖，敢更受禄哉！"

由此可见，沈家在沈万三去世后，不但没有遭到朱元璋的打击，并且还受到了"保全"，"屡蒙恩宥"。

此外，据《弘治吴江志》记载，洪武二十三年（公元 1390年），已升任户部左侍郎的莫礼请假回乡省亲，去沈家做客时，发现"其家屏去金银器皿，以刻丝作铺筵，设紫定器十二卓，每卓设羊脂玉二枚，长尺余，阔寸许，中有沟道，所以置箸，否则箸污刻丝作故也。行酒用白玛瑙盘，其班纹及紫葡萄一枝，五猿采之，谓之五猿争果，以为至宝。其赘婿顾学文设宣和定器十二卓，每汤一套则酒七行，每一行易一宝杯，两家僮仆皆衣青罗里，其他珍异看果不言可知。呜乎，一钗七十万钱，前辈以为妖物，与祸相随。今观沈氏之富，岂止一钗七十万而已哉！其受祸宜也。"此时，沈家在江南还是相当富有的，丝毫看不出财产遭到没收的迹象。

综合来看，沈万三的财富其实并没有遭受过冲击，这也足以证明，沈万三并没有遭受过朱元璋的打击。

为什么会有沈万三因富致祸的故事？

沈万三并未因福致祸，但其因福致祸的故事为什么会在民间广为流传呢？

沈万三虽然并未因富致祸，但沈万三的后代以及江南一带的大多富商却都曾因富致祸。

沈家败落开始于沈万三的两个孙子：沈庄和沈至。洪武十九年，户部侍郎郭桓因倒卖官粮被处死，沈家因为经营粮食而被牵涉其中。沈庄和沈至被抓不久后，又被释放。此前，沈万三的女婿陆仲和曾因为牵涉"胡惟庸案"而被朱元璋满门抄斩。

后来，沈万三的曾孙沈德全因牵涉"蓝玉谋反案"被满门抄斩，家产被悉数没收。自此，沈家一败涂地。

尽管关于沈万三因富致祸的故事版本有很多，但始终离不开三个内容：

其一，出资修建南京城墙。朱元璋建立大明王朝后，定都南京。沈万三虽然没有修建城墙，但被迁往南京的江南富商却都曾出资修建过南京三分之一的城墙。

其二，发配云南。江南大批富商曾被朱元璋发配到云南。这些被发配到云南的富商，对此一直耿耿于怀。

其三，因富致祸。打仗需要钱财，朱元璋之所以对张士诚占据的苏州城久攻不下，就是因为张士诚得到了江南富商的大力支持。朱元璋因此而对他们恨之入骨。攻克苏州之后，朱元璋曾寻找各种理由迫害他们。纵观朱元璋的一生，无时无刻不在奉行着打压江南富商的政策。

由此可见，沈万三因福致祸一事完全是无中生有的，它不过是发生在沈氏后人以及江南富商身上的故事，而这些人将沈万三当作他们的代表，并将他们身上发生的事编造到沈万三身上，不过是想借此宣泄他们对朱元璋打压他们的不满之情。

刘伯温是不是被朱元璋或胡惟庸毒杀的？

刘伯温作为一代帝王师，在辅佐朱元璋推翻元朝统治者，平定陈友谅等割据势力期间，屡出奇谋，为朱元璋建立大明王朝立下汗马功劳。由于刘伯温料事如神，又常常以神鬼之名替朱元璋出谋划策，所以被世人视作是诸葛亮一类能掐会算的"神人"，并有"三分天下诸葛亮，一统江山刘伯温"之说。然而，就是这样一生充满神话色彩的刘伯温却死得异常离奇。有人认为刘伯温是被丞相胡惟庸所毒杀，也有人认为是朱元璋指使胡惟庸毒杀刘伯温。那么，真相到底如何呢？

胡惟庸有毒杀刘伯温的动机吗？

朱元璋罢黜丞相李善长之后，想任命与刘伯温交好的杨宪为丞相，便向刘伯温征求意见。但刘伯温却反对说："杨宪虽说有丞相之才，但缺少丞相的器量。能胜任丞相一职的人一定要保持心静如水，将义理作为权衡事物的标准，而不能主观臆断，但这些杨宪做不到！"

朱元璋问刘伯温："那汪广洋如何？"

刘伯温说："他的器量还不如杨宪呢！"

朱元璋接着问："那胡惟庸呢？"

刘伯温长叹一声，直言不讳地回答说："胡惟庸当丞相就像驾

132

车一样，我担心他会把车辕给毁掉！"

朱元璋见刘伯温将自己挑选的几个人一一否定，然后双眼直勾勾地盯着刘伯温看了片刻，说了一句意味深长的话："我的丞相恐怕没有能够超过先生的了！"朱元璋的言外之意是说，没有人比你刘伯温更适合当丞相了吧！

刘伯温听罢，心头一颤，连忙跪在地上解释说："我过于疾恶如仇，不擅长左右逢源，又不喜欢烦琐的工作，恐怕会辜负陛下的重托。您不必担心找不到大才，只要您悉心寻找，就一定能够找到的。只是眼前的这些人还不适合罢了！"

当朱元璋与刘伯温的一番对话不知道怎么就传进了胡惟庸的耳朵。胡惟庸对刘伯温可谓是恨之入骨，两人自此结下了梁子。俗话说，宁过于君子，而毋失于小人。过于君子，其为怨浅；失于小人，其为祸深。得罪了胡惟庸这种骨灰级的小人，刘伯温为自己埋下了祸根。

洪武四年（公元1371年），刘伯温被赐还乡。有一次，刘伯温请求朝廷在谈洋设置巡检司，惩治暴民。不久，茗洋逃军造反，当地官员担心朝廷降罪，便隐匿不报。刘伯温让长子刘琏越过由胡惟庸掌管的中书省直接上报到中央。

胡惟庸见刘伯温越级上报，非常生气，心想，你刘伯温不把我当回事，就别怪我给你找事儿！于是，他暗中怂恿官员向朱元璋诬陷刘伯温说："谈洋有帝王之气，刘伯温企图在那里修建坟墓，百姓不同意，所以刘伯温就上疏朝廷在那里设置巡检司，实际上他是想借助朝廷的势力来驱逐百姓。"胡惟庸的这次诬陷对刘伯温来说是非常致命的！因为"帝王之气"是每一个在位帝王最为忌讳的事，一旦发生这样的事，与之相关的人只有死路一条。况且这种事信则有，不信则无。

朱元璋一生都十分迷信鬼神，并且对于一切能够威胁到他皇位的事一向零容忍。不过，幸运的是朱元璋并没有严惩刘伯温，而是仅仅剥夺了他所有的俸禄。

刘伯温听说胡惟庸用极其歹毒的方式诬陷他，内心惶恐不安。为了让多疑的朱元璋放宽心，刘伯温立刻搬到京城并住在了朱元璋的眼皮子底下。就是想告诉朱元璋，一切都在你的掌控之中。

见到朱元璋后，刘伯温并没有只言片语的解释，只是不断地向朱元璋请罪，而朱元璋对此并没有过多地追究。

刘伯温来到京城不久，朱元璋便不顾刘伯温当初的建议，任命胡惟庸为丞相。刘伯温不无忧伤地感叹说："假如我的话没有应验，那将是苍生的福气啊！"

胡惟庸对刘伯温确实想除之而后快，但他会毒杀刘伯温吗？

朱元璋和胡惟庸有没有毒杀刘伯温？

在京城居住期间，刘伯温因为忧愤而生病。而最让他忧愤的莫过于胡惟庸的诬陷以及朱元璋的猜忌。

朱元璋听说刘伯温生病了，便派胡惟庸带着御医去看望刘伯温。然而，刘伯温吃了御医的药后，病情不但没有好转，反而严重恶化了，并且腹内似乎长出一个拳头大的石块。

不久，朱元璋特批刘伯温回老家养病。刘伯温回乡一个月后，便溘然长逝了。

五年后，朱元璋以胡惟庸谋反为名将胡惟庸处死。在审查"胡惟庸谋反案"期间，中丞涂节揭发胡惟庸曾指使御医在刘伯温的药中下毒致使刘伯温死亡。

　　　　事实上，混迹官场多年的胡惟庸会傻到明目张胆地带着御医去毒杀刘伯温吗？倘若刘伯温因为吃了他带的御医开的药方而死，他能脱得了干系吗？再说了，刘伯温清楚地知道胡惟庸对他恨之入骨，由胡惟庸带来的御医开的药方以及抓的药，他会放心地吃吗？此外，刘伯温曾经编撰过一本名叫《多能鄙事》的书，书中对药物有大量的记载，这也说明刘伯温精通药理，所以他不太可能被轻易地毒死。

由此可见，说胡惟庸毒杀了刘伯温一事并不成立。当然，由朱元璋指使胡惟庸毒杀刘伯温一事就更加不能成立了。

刘伯温是怎么死的？

刘伯温最有可能是在忧愤交加的情况下病死的。而对此事负有重大责任的应当是朱元璋。

朱元璋虽然表面上对刘伯温非常恭敬，将他视作自己的张良，然而事实上朱元璋却一直猜忌甚至畏惧刘伯温。

西汉初年，张良辅佐汉高祖刘邦夺取天下后，刘邦在大封功臣时，封张良为留侯，并让他自择三万户作为封邑。而当时功劳排在第一位的相国萧何的封邑也不过才一万户。张良懂得明哲保身，所以坚辞不受，只要了当初与刘邦相遇时的留县。

然而，同为谋士并且功劳不亚于张良的刘伯温却仅仅被封为诚意伯（爵位分为公、侯、伯三等），俸禄只有 240 石。而功劳排在第一位的李善长则被封为韩国公，俸禄 4000 石。两者功劳不相上下，但待遇却有天壤之别。

朱元璋当初问刘伯温关于任命谁为丞相更合适一事时，恐怕只有朱元璋与刘伯温两人在场。如果有其他人在场，刘伯温又岂会说得如此露骨呢？既然是两个人，胡惟庸知道刘伯温说自己坏话的消息一定来自朱元璋。朱元璋一向忌惮刘伯温，想要为刘伯温树敌，激怒胡惟庸也是一个不错的办法。此外，当初刘伯温反对过的杨宪、汪广洋两人，后来也均被朱元璋一一任命为丞相。朱元璋借助他人打压刘伯温的用意不言自明。

朱元璋深知胡惟庸记恨刘伯温，还特意派胡惟庸带着御医去看望刘伯温，这种行为无异于是让黄鼠狼给鸡拜年。

刘伯温性情刚烈，疾恶如仇，知道朱元璋联合大臣不断地打压自己，所以才会忧愤交加，以至于身患重病。

面对朱元璋的打压，刘伯温依旧谨小慎微地侍奉朱元璋。当初刘伯温在老家归隐时，从来不提自己的功劳，每天以饮酒下棋为乐。县令多次求见，都被刘伯温拒绝了。有一次，县令乔装打扮成村民求见刘伯温，刘伯温让人烧饭款待他。席间，县令向刘伯温坦白了自己的身份后，刘伯温连忙起身自称"草民"，然后离开了。

刘伯温因整天生活在猜忌与忧愤之中而病死也属正常。至于刘伯温说自己腹中有拳头大的石块，有学者认为很有可能是肿瘤，而刘伯温所得之病也很可能是肝癌晚期，所以从发病到去世的时间间隔非常短。

建文帝是自焚了，还是逃走了？

建文帝朱允炆削藩逼反了燕王朱棣，朱棣以"清君侧，靖国难"为名，发动了"靖难之变"。在靖难军攻克南京城之际，建文帝火烧皇宫，不见踪影。太监从火堆中找到一具被烧得面目全非的尸体，有人认为这具尸体就是建文帝的，也有人认为这具尸体不是建文帝的，并认为真实的建文帝是从密道逃出了皇宫。那么，真相到底如何呢？

建文帝自焚了吗？

建文四年（公元 1402 年）六月，燕王朱棣率领大军渡江抵达南京城下，谷王朱橞与曹国公李景隆开金川门投降，南京城被攻陷。就在大军即将开进皇城之际，朱棣却突然下令停止进攻。其意不言自明，就是不愿背负弑君篡位的千古骂名，同时，他也希望能给建文帝留出一些时间，让建文帝做出正确的选择——退位！如此一来，建文帝就可以保命，他也可以名正言顺地继承皇位，这样岂不是皆大欢喜！

然而让朱棣万万没有想到的是，正当他踌躇满志的时候，皇宫却突然起火。当朱棣赶往皇宫救火时，却只发现了一具被烧得面目全非的尸体。

据朱棣钦定的《明太宗实录》记载说，当朱棣攻陷南京城时，诸位藩王以及文武大臣都来朝拜，建文君本来也想出去迎接，但看到左右侍从大多已经逃散，仅剩下几个人，不禁感叹道："我有何脸面去见他呢？"于是点火自焚了。太监从大火中找到一具尸体，当时已经被烧得面目全非。朱棣认定这具尸体就是建文帝的，于是便抱着尸体失声痛哭道："你怎么能这么糊涂呢？我进京不过是为了帮你惩治奸臣，而你何至于要自寻短见呢？"八天后，将建文帝草草下葬。

建文帝有没有自焚呢？关于"建文帝自焚"之说，有六个疑点：

其一，《明太宗实录》中称建文帝为"建文君"，表明当局不愿承认建文帝继位的合法性。对皇帝的称谓都可以更改，对于其他事件也同样可以更改，因此，《明太宗实录》所记载事件的真实性令人怀疑。

其二，尸体被烧得面目全非，根本无法辨认，朱棣怎么就能确定他就是建文帝呢？

其三，据《明太宗实录》记载，朱棣曾对大臣说："朕于宫中遍寻皇考宸翰不可得，有言建文自焚时，并宝玺皆毁矣，朕深恸之。"玉玺是用玉石雕刻而成，大火很难焚毁，即便是被建文帝有意销毁，也一定会留下残骸，既然没有留下残骸，说明很有可能被建文帝带出了皇宫，同时，也说明了建文帝很有可能打算东山再起。

其四，《明史·胡▌传》中记载说："惠帝之崩于火，或言遁去，诸旧臣多从者，帝疑之。五年遣▌颁御制诸书，并访仙人张邋遢，遍行天下州郡乡邑，隐察建文帝安在。"意义是说，对于建文帝被烧死一事，朱棣也有所怀疑，所以他才命胡▌以寻访张邋遢（张三丰）为由暗中寻找建文帝。如果朱棣认定建文帝早已被烧死，他又岂会派胡▌四处寻找建文帝的下落呢？

其五，据《明神宗实录》记载说，明神宗曾问宰相张居正关于建文帝一事，张居正回答说："国史不载此事，但先朝故老相传，言建文皇帝当靖难师入城，即削发披缁，从间道走出，后云游四方，人无知者。"由此可见，张居正与先朝的大多数人一样倾向于认为建文帝逃走了。

其六，清人龙文彬在《明会要》中说："棣遣中使出后尸于火，诡云帝尸，越八日壬申，用学士王景言，备礼葬之。"《明会要》认为，当时只找到了马皇后的尸体，但并没有找到建文帝的尸体，于是谎称马皇后的尸体就是建文帝的尸体，然后以天子之礼将其安葬了。

综合以上所述，我们可以推断建文帝极有可能是逃出了皇宫。

建文帝是如何逃出皇宫的呢？

关于建文帝是如何逃出皇宫的，清代学者谷应泰编撰的《明史纪事本末》内有详细记载。

建文四年，建文帝听说金川门失守，知道大势已去，想要自杀。翰林院编修程济劝谏说："与其自杀便宜了燕王，还不如逃走，另寻时机，谋求东山再起呢！"

这时，太监王钺对建文帝说："高皇帝（朱元璋）宾天前，曾留下一个匣子，藏在奉先殿，并告诫我说：'只有大难临头的时候才能拿出来！'"不一会儿，王钺从奉先殿左侧取出一个红色匣子，匣子四周用铁封死，两把锁也被铁浇灌。建文帝看到祖父给自己留下的遗物，不禁恸哭起来，等回过神，他连忙命人放火焚烧皇宫。马皇后赴火而死。

随后，程济砸破匣子，得到三张度牒，度牒上分别写着"应文"、"应能"、"应贤"。匣子内还放着袈裟、鞋帽、剃刀、十锭白金以及一封信，信上写道："应文当从鬼门出，其余人从水关御沟出，傍晚时分，在神乐观的西房会合。"

建文帝仰天长叹道："这难道不是天意嘛！"程济立刻为建文帝剃度。由于建文帝的名字中带有"文"，所以便自称"应文"。

吴王教授杨应能说："我的名字中带有能，应当就是应能了！我愿剃度追随陛下！"

监察御史叶希贤说："我的名字中带有'贤'，应当就是应贤了！我也愿意剃度追随陛下！"

随后，建文帝、杨应能和叶希贤三人乔装打扮成僧人的模样准备逃出皇宫。当时，大殿内还有五六十人，都表示愿意追随建文帝逃亡。建文帝认为，人多容易引起怀疑，所以仅仅带了九个人打算从鬼门逃走。当建文帝等人来到鬼门时，神乐观道士王升早已在鬼门等候建文帝。一见到建文帝，王升连忙叩头说："臣之所以知道陛下会来，是因为高皇帝托梦给臣，令臣在此恭候陛下！"随后，众人乘船来到太平门，在王升的引领下，来到了神乐观。就这样，建文帝逃出了皇宫。

不过，《明史纪事本末》的记载有多处疑点：

其一，朱元璋留下匣子的目的是为了让建文帝逃命。面对生死攸关之事，朱元璋为什么仅将匣子的秘密告诉一个太监而不告诉建文帝呢？

其二，按常理说，建文帝拿到匣子后，应当先打开匣子，看看里面有什么锦囊妙计，然后再见机行事，但建文帝和诸位大臣并没有这样做，而是先放火烧宫，然后才打开匣子，不合常理。

其三，马皇后赴火而死可谓死得离奇。建文帝既然可以带着九个随从逃脱，马皇后也同样可以逃脱，她为何要赴火而死呢？有人或许会认为，马皇后是替建文帝而死，她想用自己的尸体迷惑朱棣，让朱棣误认为建文帝已死。但男人和女人的尸体特别容易分辨，所以这种说法不成立。

其四，建文帝是先放火，然后才逃走的。但事实上宫中一旦起火，朱棣就会立刻派兵救火，建文帝又将如何逃脱呢？

其五，朱元璋给道士王升托梦一事纯属小说家之言，不足为信。

谷应泰作为一个严谨的历史学家，为何要将如此荒诞的故事写进史书呢？唯一的解释就是，建文帝逃出皇宫的方式过于神秘，无人知晓，所以谷应泰便采纳了民间传说。

民国学者黄云眉先生认为，建文帝有可能是从阴沟中逃走的，所以在其著作《明史考证》中说："宫中阴沟，直通土城之外，高丈二，阔八尺，足行一人一马，备临祸潜出，可谓深思熟虑矣。"

建文帝逃向何方了？

谷应泰的《明史纪事本末》记载建文帝逃出皇宫的方式虽然荒诞离奇，但其所记载建文帝逃亡的路线却得到普遍认可。

建文帝到达神乐观不久，杨应能、叶希贤等十三人便迅速前来会合。此时，建文帝身边共有22人：兵部侍郎廖平，襄阳人；刑部侍郎金焦，贵池人；编修赵天泰，三原人；检讨程亨，泽州人；按察使王良，祥符人；参政蔡运，南康人；刑部郎中梁田玉，定海人；监察御史叶希贤，松阳人；程济，绩溪人；中书舍人梁良玉、梁中节，俱定海人；宋和，临川人；郭节，连州人；刑部司务冯学，黄岩人；所镇抚牛景先，沅人；王资、杨应能、刘仲，杞县人；翰林待诏郑洽，浦江人；钦天监正王之臣，襄阳人；太监周恕，和州人；徐王府宾辅史彬，吴江人。

建文帝看着身边这些不顾生死追随自己左右的股肱之臣，感动地说："今后我们就以师兄弟相称吧，不必再拘君臣之礼了！"众人闻言，涕泪不止。

廖平说："诸位对陛下的忠心日月可鉴，也都愿意追随陛下逃亡，但随行人员太多容易暴露，没有家室拖累并且有能力保护陛下的不足五人，就让他们来护卫陛下，其余人等都先各自回家，日后可在陛下经过的途中接应陛下。"

建文帝说："我想去滇南，依附西平侯。"西平侯沐英是朱元璋的养子，深受马皇后疼爱。沐英对马皇后特别孝顺，与马皇后的儿子——建文帝的父亲朱标的关系比亲兄弟还亲。朱标英年早逝对沐英的打击特别大，朱标去世两个月后，沐英因悲伤过度咯血而死。沐英死后，沐氏子孙世代承袭西平侯的爵位，镇守云南。由于沐氏一向亲附建文帝，所以建文帝才会想要投靠西平侯。

史彬对建文帝建议说："我们人多容易引起注意，况且新皇帝还没有消除疑虑，万一被人揭发又该如何是好呢？陛下不如以四海为家，往来于名山大川之间。"建文帝对此深表赞同，所以打消了去云南的想法。

众人商定之后，决定让建文帝在廖平、王良、郭节、王资、史彬、梁良玉、郑洽七人的家中轮流居住。郑洽的家族在浦江属于高门巨族，众人决定先前往浦江。当夜，建文帝足疾复发，无法行走，只能坐船。天微亮时，史彬便与牛景先到江边寻找船只。在江边，有一只小船，船上传来吴江人交谈的口音。史彬一听是家乡人，连忙去叩船，一打听，原来是家里人专门派来寻找自己的。由于船只太小，又不想引起注意，所以建文帝仅仅带了程济、叶希贤、杨应能、牛景先、冯学、宋和、史彬七人前往史彬家。

八月，建文帝到达史彬家。不久，朱棣下令各地追缴建文帝时期任命的官员的诰命。县丞到史彬家追缴诰命时，发现史彬在家，便对史彬说："建文帝就藏在你家吧？"史彬连忙回答："没有没有！"县丞瞥了史彬一眼，然后哂笑而去。县丞已经产生怀疑，史彬家不能再待了，于是建文帝带着两个和尚和一个道士离开了。

建文帝四人先乘船到京口，再过六合，于十月到达襄阳廖平家。由于踪迹败露的原因，建文帝决定前往云南。

永乐元年（公元1403年）正月十三日，建文帝到达云南永嘉寺。永乐二年正月，建文帝离开云南，由重庆抵达襄阳，于六月再次来到史彬家。当时天色已晚，史彬看到建文帝突然来访，不禁热泪盈眶。

建文帝对史彬说："我明天就得离开！"

史彬说："臣打扫房间等待陛下多日，若有所疏忽，还请陛下见谅。臣想请陛下多住些时日，为何陛下却要匆匆离开呢？"

建文帝痛哭流涕道："昨天，我路过西安道时遇到一位官员，他瞪着眼睛看我。此人我曾经见过，他一定会向朝廷上奏。我不想连累你，所以必须离开！"君臣相拥而泣，久久无语。

史彬见建文帝穿得衣衫褴褛，连忙让家人给他缝制衣服。三日之后，君臣二人才依依不舍地分别了。

离开史彬家，建文帝直奔浙江，在杭州游玩23日，在天台、雁荡游玩39日。期间，他还拜访了冯学、牛景先。

永乐三年（公元1405年），朱棣派郑和下西洋。据《明史·郑和传》记载："成祖疑惠帝亡海外，欲踪迹之；且欲耀兵异域，示中国富强。"有人认为，朱棣听说建文帝逃到了海外，所以才派郑和六下西洋寻找建文帝的下落。事实上，几年后朱棣就查询到建文

143

帝在国内活动的痕迹，根本没有必要六次派郑和去海外寻找。不过，最初让郑和下西洋也不排除有一小部分原因是为了寻找建文帝的下落，但大部分原因还是为了宣示中国的富强。

永乐五年（公元 1407 年），朱棣派户科都给事中胡█以寻访张三丰为由，四处搜寻建文帝的下落。建文帝听说后，便隐居起来。

永乐七年（公元 1409 年），郑和与胡█往来于云南、贵州之间，寻找建文帝的踪迹。建文帝听说后，东行至善庆里，后又返回襄阳廖平家。得知廖平已举家迁往蜀地，于是返回云南。

永乐八年（公元 1410 年）三月，工部尚书严震奉命出使安南并秘密寻访建文帝。严震与建文帝在云南不期而遇，两人相对而泣。

沉默良久，建文帝问严震："你打算如何处置我呢？"

严震回答说："陛下请自便，臣自有办法！"当夜，严震放走了建文帝，然后自缢于驿亭中。

随后，建文帝又回到了浙江，并在白龙山搭建了一间茅草屋。这年夏天，建文帝身患痢疾，面容枯槁，因怀有戒心，不敢出山寻找食物。不久，史彬、程亨、郭节三人前来探望。建文帝见到三人，不禁悲从中来。由于饥饿难耐，建文帝问三人说："你们带有吃的吗？"三人连忙把随身携带的食物拿了出来。建文帝一番狼吞虎咽，看得三人心痛不已。

三人在白龙山逗留数日，建文帝催促他们，让他们早日回家，以免引起怀疑。临别时，建文帝嘱咐他们说："今后不要再来了！一是因为道路不便，二是因为各个关口盘查较严。更何况我现在过得很好，你们就不用再为我担心了。"三人含泪而去。

后来，史彬再次来白龙山寻找建文帝时，发现建文帝居住的茅草屋已经不复存在。到山旁询问一位老妇人，老妇人告诉他，茅草屋早已被官府拆毁。

永乐十四年（公元 1416 年），胡█的母亲病故，胡█请求回家守孝，但不被批准。随后，朱棣又将胡█连升三级，提拔为礼部侍郎，继续寻找建文帝。

永乐十七年（公元 1419 年），胡█再次踏上寻找建文帝下落的旅程。这一次，胡█不再在全国漫无目的地寻找了，而是将目标锁定在江浙、湖湘一带。

永乐二十一年（公元 1423 年）深夜，胡█匆匆赶回北京拜见朱棣。当时朱棣已经就寝，听说胡█觐见，立刻起床召见胡█。至于君臣二人谈论的内容，由于过于机密，无人得知。不过，《明史·胡█传》却记载说："漏下四鼓乃出。"如果朱棣晚上十点就寝，到四鼓（即四更，凌晨一点至三点），两人至少谈论了三个小时。

谈完之后，《明史·胡█传》又记载说："至是，疑始释。"意思是说，到此时，朱棣心中的疑虑才被彻底消除。这句话透露出三层含义：第一，建文帝并未被烧死，而是逃走了；第二，胡█找到了逃走的建文帝；第三，建文帝已经对朱棣构不成威胁了，也很有可能是建文帝让胡█给朱棣带话，说他并没有复位之心，让他放心做他的皇帝。

建文帝的结局如何？

据《明史纪事本末》记载，明英宗正统五年（公元 1440 年），建文帝来到了贵州金竺长官司罗永庵。平时，建文帝喜欢写诗，在罗永庵时，曾在墙壁上题了两首诗：

> 风尘一夕忽南侵，天命潜移四海心。
>
> 凤返丹山红日远，龙归沧海碧云深。
>
> 紫微有象星还拱，玉漏无声水自沈。
>
> 遥想禁城今夜月，六宫犹望翠华临。

> 阅罢《楞严》磬懒敲，笑看黄屋寄团瓢。
>
> 南来瘴岭千层迥，北望天门万里遥。
>
> 款段久忘飞凤辇，袈裟新换衮龙袍。
>
> 百官此日知何处？唯有群鸟早晚朝。

让建文帝万万没有想到的是，他的诗给他带来了很大的麻烦。

有一天，与建文帝同住的一位老和尚拿着建文帝的诗对思恩知州岑瑛说："我就是建文帝。如今我已经 90 岁了，活不了几天了，我只有一个要求，就是在我死后请将我葬在祖父的陵墓旁！"

岑瑛惊骇不已，连忙奏报朝廷。明英宗命人将老和尚以及一同居住的 12 个人全部锁拿进京，进行严加审问。建文帝和程济就在这 12 个人之中。

御史对老和尚说："建文君生于洪武十年，到正统五年，不过 64 岁，怎么可能 90 岁呢！"经过一番审问，老和尚最终不得不老实交代自己是冒牌货，真名叫杨应祥，是钧州白沙里人。

查明真相后，明英宗下令处死杨应祥，并将与其一同居住的 12 人发配边疆。

此时，建文帝已在外逃亡将近三十九年。他早已厌倦了逃亡的生活，想要南归，于是便将自己的真实身份告诉了御史。明英宗立刻派曾经服侍过建文帝的老太监吴亮去验明建文帝的身份。

建文帝看到吴亮来探监，便说："你不是吴亮吗?"

吴亮矢口否认。

　　建文帝说："当年用膳期间，我将一片鹅肉扔在地上，你手执酒壶，像狗一样地把肉叼了起来，有没有这回事？"吴亮听罢，心中一震。随后，他伏在地上，脱掉建文帝的鞋子，发现建文帝的左脚上果然有一颗黑痣。吴亮叩头于地，痛哭不能仰视。走出监狱后，吴亮上吊自杀了。

　　建文帝的身份被确定后，被明英宗接入皇宫居住。宫中人都称呼他为老佛，最终寿终正寝于皇宫。死后，他被安葬在西山。

唐伯虎有没有在考场作弊？

唐伯虎被誉为"江南四大才子"之首，无论是在诗词方面，还是在绘画方面都有极高造诣。然而，就是这样一位大才子却在会试中被传出考场舞弊的丑闻，以至于被贬为吏，落得终身不得参加科举的下场。那么，唐伯虎有没有在考场作弊呢？他又是如何被卷进"科场舞弊案"的呢？

是谁举报了唐伯虎考场舞弊？

唐寅，字伯虎，江苏苏州人，出生于商人家庭。自幼聪明好学，博览群书，16 岁时便因在乡试中夺得第一名而名震四海。

明孝宗弘治十二年（公元 1499 年），29 岁的唐伯虎与好友徐经、都穆踌躇满志地来到京城参加会试。所谓会试，就是指每三年在京城举行一次的中央考试，由礼部主持，主考官由皇帝亲自任命，各省的举人以及国子监监生均可参加。会试需考三场，每场时间为三天，考中者被称为贡士，第一名被称为会元。

会试结束后，众举子聚集在客栈开怀畅饮，庆祝考试结束。期间，有一位举子问唐伯虎说："不知道唐兄这次考试成绩如何呢？"

唐伯虎一杯烈酒下肚，拍着胸脯回答说："这次会元非我莫属！"

参加这次会试的共有 3500 名举子，才华横溢者比比皆是，而唐伯虎却敢大言不惭地说自己必中会元，不禁让在场的举子们瞠目结舌。当举子们对口气比脚气都大的唐伯虎表示质疑时，唯有徐经在一旁附和道："这次会元当然非唐兄莫属啦！"

其中一位举子又问道："第三场会试的考题比较冷僻，你是如何作答的呢？"

唐伯虎将自己的答案向在座的举子们重新口述了一遍，举子们听罢，都表示心悦诚服，也都认为今年的会元非唐伯虎莫属。

然而，当会试发榜的时候，人们惊奇地发现，自认为可以高中会元的唐伯虎却榜上无名。同样，徐经也榜上无名，而都穆仅以第八十八名的成绩考中了贡士。更加出人意料的是，就在发榜的四天后，唐伯虎与徐经以"考场舞弊罪"被锦衣卫押进了镇抚司的大牢。

那么，是谁举报唐伯虎、徐经考场舞弊了呢？是户科给事中华昶（chǎng）。给事中在明朝属于言官，主要负责谏诤、补阙、拾遗、审核、封驳诏旨，监察六部诸司，弹劾百官等。此外，还可以在乡试中充当考官，在会试中充当同考官（协同主考官阅卷），在殿试中充当受卷官。给事中虽然官小，但权力特别大。

据《明孝宗实录》记载，华昶对明孝宗上疏说：

国家求贤以科目为重，公道所在赖此一途。今年会试，臣闻士大夫公议于朝，私议于巷，翰林学士程敏政假手文场，甘心市井，士子初场未入，而《论语》题已传诵于外；二场未入，而表题又传诵于外；三场未入，而策之第三四问又传诵于外。江阴县举人徐经、苏州府举人唐寅等狂童孺子，天夺其魄，或先以此题骄于众，或先以此题问于人，此岂科目所宜有、盛世所宜容。臣待罪言职有此风闻，愿陛下特敕礼部，场中朱卷，凡经程敏政看者，许主考大学士李东阳与五经同考官，重加翻阅，公为去取，俾天下士就试于   149

京师者，咸知有司之公。

华昶在上疏中提出三点指控：一、主考官程敏政利用职务之便将考题卖给考生；二、三场考试的考题均被泄露；三、唐伯虎、徐经两人猖狂至极，不但花钱购买考题四处炫耀，还向别人请教考题的答案。此外，华昶还建议明孝宗令礼部重新对程敏政审阅的考卷进行审查。

不过，针对华昶的指控，有三处疑点：第一，华昶指控程敏政卖题以及唐伯虎、徐经买题都是"风闻"，道听途说，根本就没有确凿证据；第二，如果唐伯虎、徐经花钱买了试题，他们一定会极其保密，又怎么会四处炫耀并在同场竞技的举子中四处请教呢？第三，华昶原本指控程敏政将考题在考试前卖给了考生，但却在最后的上疏中建议皇帝对考卷进行复查，泄题与考场作弊完全是两个概念，华昶对程敏政指控的罪名前后不符。

华昶为什么要指控程敏政考场舞弊呢？据《明孝宗实录》记载："言官驳其主考任私之事，实未尝有。盖当时有谋代其位者，命给事中华昶言之，遂成大狱，以致愤恨而死。有知者，至今多冤惜之。"意思是说，程敏政并没有在考场作弊，只是当时有人想要取代程敏政的礼部右侍郎一职，所以指使华昶利用流言蜚语来弹劾程敏政。

那么，是谁想要取代程敏政呢？据《明史·程敏政传》记载说："或言敏政之狱，傅瀚欲夺其位，令昶奏之。事秘，莫能明也。"有人说是大臣傅瀚想要取代程敏政，所以才指使华昶弹劾程敏政。由于事情极其隐秘，所以外人都不知道内情。这虽然只是一种猜测，但"考场舞弊案"之后，傅瀚的确取代了程敏政成为礼部右侍郎，并成为"考场舞弊案"最大的受益者。

是谁出卖了唐伯虎呢？

华昶虽然只是道听途说，但并非空穴来风，一定有人给他提供了线索，而这个提供线索的人一定与唐伯虎的关系非同寻常，否则，他也不可能知道考场舞弊的内情。那么，会是谁出卖了唐伯虎呢？他又为什么会出卖唐伯虎呢？

明人秦酉岩在《游石湖纪事》中记载说：唐伯虎、徐经、都穆三人相约一同进京参加会试，徐经通过程敏政的仆人买到了考题，但徐经不会作答，便去请教唐伯虎，唐伯虎又将试题拿给都穆看。会试结束后，都穆到马侍郎家喝酒，当时华昶也在现场。酒酣之时，一位官员来见马侍郎，并告诉马侍郎说，唐伯虎考中了会元。这话被都穆听得真真切切。都穆妒火中烧，便将唐伯虎、徐经买试题的事情一五一十地告诉了马侍郎。华昶听说有考生买题，大怒，回去之后便向皇帝上疏，告发程敏政、唐伯虎和徐经。出卖好友，两人友谊的小船说翻就翻，唐伯虎发誓与都穆老死不相往来。有一次，唐伯虎正在酒楼喝酒，听说都穆来了，脸色大变。而都穆听说唐伯虎在楼上，立刻上楼去见唐伯虎，哪知唐伯虎竟然跳窗逃跑了。

但秦酉岩的记载，有多处疑点：

第一，在会试发榜之前，与会试有关的官员是不允许与外界有任何联系的，这位官员又怎么可能会跑到马侍郎家呢？

第二，都穆在马侍郎家喝酒时，考官们的阅卷工作尚未结束，官员怎么知道唐伯虎考中了会元？

第三，唐伯虎曾将考题拿给都穆看，也就是说，都穆也知道考题。在会试期间，看到试题上出现了唐伯虎曾给他看的试题，他是

151

作答还是不作答呢？如果作答，无异于也作弊了。他主动揭发唐伯虎、徐经考场作弊，肯定也会牵连到自己。考场作弊是一件关乎自己前途的事，都穆告密无异于自毁前程，他会这样做吗？

第四，说唐伯虎发誓与都穆老死不相往来，纯属无稽之谈，这可以从唐伯虎的画作中看出。因"考场舞弊案"而对仕途绝望的唐伯虎便寄情山水，醉心于书画，在他的几幅画作中都有都穆的题词。这足以说明唐伯虎与都穆是有来往的。

如果单从以上几处疑点来看，说明都穆告密的可能性不大。不过，华昶的侄子华钥却一口咬定就是都穆告的密，并且说"昶与穆誓死不相连累"。

如果是都穆告的密，那么唐伯虎为什么还会与都穆有来往呢？只有一种可能，那就是唐伯虎原谅了他。这点可以从唐伯虎的《警世》一诗中看出："万事由天莫苦求，子孙绵远福悠悠。饮三杯酒休胡乱，得一帆风便可收。生事事生何日了，害人人害几时休？冤家宜解不宜结，各自回头看后头。"

此外，唐伯虎本人也在自己的文集《唐伯虎先生集》中提到，是朋友因妒忌他的名气而陷害他的，"北至京师，朋有相忌名盛者，排而陷之"。与唐伯虎一起参加会试的朋友仅有徐经和都穆两人，唐伯虎与徐经断然不会自我检举，最有可能告密的也只有都穆了。

至于秦酉岩所记载的《游石湖纪事》很可能是根据传言写成的，而都穆告密的细节可能正如《明史·程敏政传》所言"事秘，莫能明也"。

唐伯虎有没有参与作弊呢？

明孝宗收到华昶的上疏后，立刻下令让礼部彻查此事。礼部建议说："华昶一定是听到了什么消息，所以才会上疏，但仅仅凭借道听途说，未必就是真有其事，况且现在还没有发榜，还不确定他指控之人是否被录取，因此，我们建议让礼部尚书李东阳会同所有主考官对程敏政所批阅的朱卷进行审查。由于审查需要时间，所以建议将发榜之日往后推迟至二月二十九日或三月初二。"明孝宗最终决定将发榜时间定为三月初二。

所谓朱卷，就是指用红色毛笔所写的考卷。明朝科举考试极其严格，为防止考官徇私舞弊，待考生答完考题之后，考官首先将考生的名字封好，然后再将考卷交给专门负责抄写考卷的人用红笔再抄录一份，而这份抄录的考卷就叫朱卷，而考生原来的考卷则被称为墨卷。当朱卷抄录好之后，还会找人再将朱卷与墨卷进行对比，直到准确无误之后，才将朱卷交给阅卷考官。到发榜的前一天，礼部官员会与考官一起拆密封，对比考生姓名，确定考生名次，然后第二天发榜。

发榜结束后，礼部已经审查完毕。礼部尚书李东阳等人上奏说："给事中华昶弹劾程敏政泄题一案，经过臣等严加审查，发现唐伯虎、徐经二人均不在录取之列，有考官批语为证。"礼部的言外之意是说，程敏政并没有在考场作弊。

唐伯虎满腹才华，这是毋庸置疑的，况且他还曾胸有成竹地认为自己一定能高中会元，即便没能考中会元，至少也能进被录取的前三百名的名单中吧？但他为何没有被录取呢？这是因为当程敏政听说有人指控他泄露考题之后，在惊慌失措的情况下，做出的不理智行为。事发后，他从录取的三百份考卷中，找出答对他那道冷僻考题的考卷让他们落选，这也是唐伯虎、徐经榜上无名的原因。不过，这也给了华昶等人说他毁灭证据的口实。

礼部虽然可以证明程敏政没有在考场作弊，但这并不能证明程敏政没有在考前泄题，因此还需要继续审查。如果华昶涉嫌诬告，也应当以同罪论处。

于是，明孝宗将案件移交给锦衣卫审理。锦衣卫也是在此时才将唐伯虎、徐经被锁拿进镇抚司的。与此同时，被锁拿进镇抚司的还有华昶。

不久，与程敏政同为考官的工科都给事中林廷玉上疏说程敏政在出题以及阅卷的过程中存在六大疑点，还说："臣与程敏政相识并非一天两天了，但深知朝廷公道，所以不敢不说，华昶虽说通过道听途说上疏言事，但这也是不计个人荣辱得失的行为，如今他所弹劾的人安然无恙，而自己却身陷囹圄，今后再有此类事情发生，谁还敢再进言呢？但由于考场舞弊案兹事体大，很难两全，即便查明真相，也于风化无补。不如将华昶、唐伯虎、徐经释放，不再追问，罢黜程敏政，让其告老还乡。"

林廷玉上疏的时间以及上疏的内容有两处值得怀疑的地方：其一，林廷玉原本是考官，应当知道内情，为何要在事发一个月之后才出来指控程敏政在出题阅卷方面有六处疑点？其二，林廷玉建议将华昶、唐伯虎、徐经释放，不再追问，独独要求罢免程敏政，于理不通。真相尚未查明，如果是华昶诬告，程敏政岂不是要蒙受不白之冤？结合两处疑点，很容易让人怀疑制造"考场舞弊案"的幕后真凶一方面指想借林廷玉之手达到罢黜程敏政的目的，另一方面又想尽快息事宁人。

不过，出乎林廷玉意料的是，事情还远远没有结束。

给事中尚衡、监察御史王绶联合上疏要求释放华昶并逮捕程敏政。程敏政也没有坐以待毙，多次上疏自辩清白。与此同时，唐伯虎、徐经也纷纷上疏说华昶利用职务之便诬告他人。

锦衣卫在审讯的过程中，无论是唐伯虎、徐经，还是华昶，他们的供词每天都在不断变化，也在不断翻供。审查数日，依然毫无结果。锦衣卫也没辙了，只好将案件又推给了明孝宗，请明孝宗定夺。

明孝宗命三法司（刑部、大理寺、都察院）联合会审。审讯多日，终于有了新进展。徐经交代说"敏政尝受其金币"，意思是说，程敏政曾经收受过他的财物。

这下，言官们终于抓到程敏政的小辫子了，于是纷纷上疏要求逮捕程敏政。程敏政是一代鸿儒，又享有盛名，况且还曾做过明孝宗的老师，明孝宗看到要逮捕自己老师的上疏犹豫不决。不过，十天之后，他迫于舆论的压力还是下旨逮捕了程敏政。

三法司也未能审理出结果，又请明孝宗定夺。明孝宗无奈，只好亲自出马，会同三法司，到午门对峙。

在午门，程敏政申述说，华昶说我把考题卖给了唐伯虎、徐经，但二人并没有被录取，礼部重新审查我落选的十三张考卷也都没有问题，足以证明我是清白的。我恳请召集所有参与考试的考官为我作证。

言官反驳说，你即便没有在考场作弊，但也不能证明你没有出卖考题。

双方争执不下，明孝宗只好招来唐伯虎、徐经进行审讯。徐经这才说出了真相。徐经说，在我们来京参加会试的途中，由于仰慕程先生的学问，就花钱求学。当时，程先生还不是主考官，就为我们猜测了一下未来三场考试有可能会出的试题。当时由于是猜题，我们并没有当真，就在考生之间互相传阅。哪曾想，在这次会试中竟然出现了程先生之前所猜测的试题，所以有人就怀疑我们向程先生买了试题。华昶对程先生的指控，纯属子虚乌有。而我所说的程先生曾经收受了我的财物，也完全是屈打成招的。

155

到此，"考场舞弊案"终于告破，也足以证明唐伯虎、徐经并没有在考场中作弊，而是程敏政在出题的时候恰恰出了自己曾经给唐伯虎、徐经辅导过的试题。

最后，明孝宗做出宣判：华昶上疏却没有查明真相，判处赎杖（花钱免除杖刑）。程敏政面对钱财不知道拒绝，作为考官不知道规避嫌疑，有辱斯文，以至于遭受非议，判处赎徒（花钱免除徒刑）。唐伯虎、徐经拉拢关系，攀附权贵，以求高升，判处赎徒。随后，华昶被贬为南京太仆寺主簿，程敏政被免职，而唐伯虎和徐经均被削除仕籍，终生不得参加科举，还被送往衙门充当差役。

四天之后，程敏政愤恨抑郁而死。被贬为差役，唐伯虎深以为耻，坚决不去就职。不久，夫妻失和，两人劳燕分飞。仕途的失意以及婚姻的破碎，让唐伯虎的人生跌入谷底。此后，唐伯虎开始以卖字画为生，纵情于酒色之中。不过，这也成就了日后的风流才子唐伯虎。

清代篇：

扑朔迷离

吴三桂引清兵入关是因为陈圆圆吗？

相传，吴三桂听说陈圆圆被闯王李自成的部将抢走后，"冲冠一怒为红颜"，当即反叛由李自成建立的大顺政权，投降大清，并引清兵入关，导致清兵入主中原。如果不是吴三桂引清兵入关，恐怕清兵在几年、几十年内都无法入主中原，甚至能不能入主中原都很难说。然而，作为明末清初最为杰出的一位军事将领，吴三桂会因为儿女情长而引清兵入关吗？

江南名妓陈圆圆与吴三桂是如何结识的？

陈圆圆，江苏武进金牛岭人，父亲名叫邢三，是个小商贩。妻子不幸早逝，邢三一个人无法养育子女，只好将陈圆圆送给了妹夫陈氏。此后，陈圆圆便随了姨夫的姓。

陈氏是个大富商，喜欢听曲，经常宴请戏班子到家中唱戏。陈圆圆"少聪慧，色娟秀，好梳倭堕髻，纤柔婉转，就之如啼"，在戏曲名家的熏陶下，逐渐学会了唱戏，并且能够写得一手好词曲。

后来，陈氏家道中落，便将陈圆圆卖到了苏州梨园。在梨园中，陈圆圆曾扮演《西厢记》中的崔莺莺、《霸王别姬》中的虞姬以及《长生殿》中的杨贵妃，她明艳出众的表演，常常让"观者为之魂断"。陆次云曾在《圆圆传》中称赞陈圆圆"声甲天下之声，色甲天下之色"。

崇祯十四年（公元 1641 年）春，号称"江南四公子"之一的冒辟疆途经苏州，便慕名去拜访陈圆圆。冒辟疆对陈圆圆评价道："妇人以姿致为主，色次之。碌碌双鬟，难其选也。蕙心纨质，澹秀天然，生平所观，则独有圆圆耳。"

一个是文采斐然、风流倜傥的富家公子，一个是名动江南的梨园名伶，两人一见钟情，并且很快私订终身。

崇祯十五年（公元 1642 年）春，冒辟疆在离开苏州回家前，与陈圆圆约定，说他会在一定的期限内返回苏州，替陈圆圆赎身，并择日迎娶她过门。然而，冒辟疆因为家中发生意外而未能如期赴约。当他再次前往苏州的时候，却听说陈圆圆已于十日之前被国舅田弘遇买走。陈圆圆被买走之后，冒辟疆很快就淡忘了陈圆圆，并且另娶了与陈圆圆一同被称为"秦淮八艳"之一的董小宛。

田弘遇是田贵妃的父亲，崇祯皇帝的岳父。田贵妃不争气，死得较早，使得田弘遇在朝中逐渐失宠。为了再次得到崇祯皇帝的恩宠，他便暗中在全国各地替崇祯皇帝选妃。最后，他挑选了一千多位才色俱佳的女子并用船只将她们送到了北京，其中就有陈圆圆。

当时，大明王朝内有李自成等人叛乱，外有清军虎视眈眈。崇祯皇帝整天为国事忙得焦头烂额，哪有心思去临幸她们！所以，崇祯皇帝将这些女子原封不动地退还给了田弘遇。

田弘遇无奈，便留下了陈圆圆等几位女子供自己享乐，其余的则全部被遣散。

田弘遇不甘失势，希望能够在战乱四起的年代找个靠山。于是，他将目标锁定在了吴三桂身上。他趁吴三桂进京办事的时候，将吴三桂请到家中做客。在田家，吴三桂邂逅了陈圆圆，并且被陈圆圆的美色所吸引。田弘遇看得出吴三桂很中意陈圆圆，于是便将陈圆圆赠送给了吴三桂。从此，陈圆圆便成了吴三桂的小妾。

投降大顺，还是投降大清？

崇祯十七年（公元 1644 年）三月十八日（公历 4 月 24 日），李自成攻克北京，崇祯皇帝上吊自杀，大明王朝宣告灭亡。此时，作为亡国之臣的吴三桂唯一的出路就是另择新主。面对李自成的大顺政权和顺治帝的大清政权两方势力的拉拢，吴三桂不知道应该如何抉择。

明末清初学者彭孙贻在《流寇志》中记载说："有客平西幕者云，世传吴襄作书招平西，平西告绝于父，起兵勤王，非也……都城既陷，三桂屯山海，自成遣使招三桂，三桂秘之，大集将士，告之曰：都城失守，先帝宾天，三桂受国恩，宜以死报国，然非藉将士之力，不能以破敌，令将若之何？将士皆默然，三问不敢应。"大意是说，吴三桂的幕僚说，民间流传吴三桂的父亲吴襄曾替李自成写信招降吴三桂，但被吴三桂拒绝，其实这并非事实。实际上，崇祯皇帝自杀后，吴三桂对众将士说："我吴三桂深受国恩，应当以死报国，但没有大家的帮助，仅凭我一人之力，不足以击败李自成，你们是否愿意同我一起与李自成决一死战呢？"吴三桂连问三次，将士们沉默不语。

吴三桂接着说："李自成势大，唐通、姜瓖都已经投降。如果李自成率领大军前来，我们应当拼死一战，还是弃甲投降呢？"

众将士异口同声地回答说："今日是生是死，全凭将军决断！"

吴三桂原本想与李自成决一死战，但发现众将士想投降李自成，无奈之下，只好派人告诉李自成说，他们打算投降。

事实上，吴三桂投降李自成还有三个方面的考量：其一，此时，吴三桂的父亲、陈圆圆等三十多口人都被李自成软禁在北京，吴三桂不可能不顾及家人的性命；其二，大清为满族政权，李自成虽说是党项族后人，但基本上已被汉化，早已被视作汉人；从古至今，人们都有浓厚的民族主义情绪，吴三桂投降一定会首选同族而非异族；其三，吴三桂与清兵交战十多年，可谓是屡战屡胜，他怎么会心甘情愿地投靠一个手下败将呢！

吴三桂为何突然反叛大顺并引清兵入关？

公元 1644 年 4 月 29 日，吴三桂正式决定投降李自成，但到了 5 月 3 日，仅仅五天的时间，吴三桂就突然改变了主意，反叛大顺，投降大清。"冲冠一怒为红颜"的故事也是在此期间发生的。

事实上，最早记载吴三桂听说自己的小妾陈圆圆被李自成的部将刘宗敏掳走之后下定决心反叛李自成的是《庭闻录》和《小腆纪年附考》。

两书记载说，吴三桂在投降李自成的途中，遇到两拨人：一拨是他的家人，一拨是他父亲吴襄的亲信。两拨人先后将吴家在北京的遭遇原原本本地告诉了吴三桂。吴三桂听说父亲被抓进监狱，莞尔一笑，说："这不过是李自成想胁迫我投降的一种策略而已！我投降之后，父亲一定会被释放！"当他听说父亲在监狱中还遭到严刑拷打时，变得非常气愤。当他听说陈圆圆被李自成的部将掳走之后，顿时怒发冲冠，并说："大丈夫如果连自己的女人都无法保护，有何面目见人！"于是，吴三桂决定不再投降李自成了，并趁机发兵攻占了由大顺政权控制的山海关。

《庭闻录》和《小腆纪年附考》编撰于清朝乾隆年间，距吴三桂反叛大顺有近百年的时间，书中所记之事大多都是道听途说，难以作为凭证。而记载吴三桂反叛大顺时间最近的则是计六奇的《明季北略》。计六奇，明末清初的史学家，生于公元 1622 年，与吴三桂是同时代的人。吴三桂反叛大顺时，他已经 22 岁了，其书记载的可信度相对较高。

《明季北略》上记载说："自成入京，刘宗敏系吴襄，索沅（陈圆圆）不得，拷掠酷甚。三桂闻之，益募兵垒七千。三月廿七，将自成守边兵砍杀，止余三十二人，贼将负甄伤逃归。三桂遂据山海关。"意思是说，李自成攻克北京后，部将刘宗敏因为抓不到陈圆圆，所以严刑拷打吴襄。吴三桂听说后，非常生气，便招募了七千士兵，攻占了山海关。

《庭闻录》和《小腆纪年附考》认为吴三桂反叛大顺是因为陈圆圆被掳，而《明季北略》认为吴三桂反叛大顺是因为吴襄被打，但真实的吴三桂会因为陈圆圆被掳或父亲被打而反叛大顺吗？

山海关失守之后，李自成顿时感觉到事态的严重性。于是，他立刻派人释放了吴襄，并好生招待。其间，吴襄在李自成的威逼利诱下给吴三桂写了一封信，说他在北京深受闯王的优待，被打一事纯属误会，闯王稍后还会给吴三桂送去一份厚礼：一万两白银，一千两黄金，一千段锦。

事实上，早在吴三桂决定投降李自成之后，吴襄被打、陈圆圆被抢之前，吴三桂行军的速度就特别慢，其实他是为了观察李自成这支农民军是否值得投靠，但一路上所发生的事，却让他敏锐地察觉到，李自成并非是一代明主，恰恰相反，他一定是一个卸磨杀驴、过河拆桥的山大王。在自己手握重兵的时候，他们就敢毒打自己的父亲，强抢自己的妻妾，自己投降之后，一旦不再有利用价值，下场又会如何呢？这对于混迹官场多年的吴三桂来说再清楚不过了！

作为一代智勇双全的大将军，吴三桂恐怕不会因为陈圆圆被抢或父亲被毒打而反叛大顺并引清兵入关，这些不过是他反叛大顺的一个导火索而已。真正让他反叛的应当是他早已清楚地看到以闯王李自成为首的农民起义军根本无法成就一番大业。

陈圆圆最后结局如何？

吴三桂投降清军后，其父吴襄以及三十多口人全部被杀，而陈圆圆侥幸逃脱，后来又回到了吴三桂的身边。

关于陈圆圆最终的结局目前已经无法考证，但广为流传的说法主要有三种：

其一，自尽说。据《庭闻录》记载说："辛酉城破，圆圆先死。"意思是说，在吴三桂举兵反清期间，当辛酉城被攻破之后，陈圆圆自杀了。至于是如何死的，有人说是自缢，有人说是绝食，也有人说是投莲花池自尽而死。

其二，皈依佛门说。晚年，陈圆圆不再受到吴三桂的宠幸，心灰意冷后，皈依佛门。据《天香阁随笔》记载："（陈圆圆）布衣蔬食，礼佛以毕此生。"

其三，隐居贵州说。吴三桂病逝后，陈圆圆为躲避清军，带着吴家子孙，逃到贵州并隐居下来。

孝庄太后有没有下嫁多尔衮？

多年来，关于孝庄太后是否曾下嫁摄政王多尔衮一事在学术界争论不休。有学者认为，孝庄太后与多尔衮原本就青梅竹马，再加上孝庄太后之子顺治能够继承皇位也离不开多尔衮的大力支持，所以不管是出于个人情愫，还是出于政治需求，孝庄太后下嫁多尔衮都在情理之中。但有些学者却不认同这种观点，因为他们认为目前所有的证据都无法证明孝庄太后曾下嫁多尔衮。那么，真相到底如何呢？

孝庄太后下嫁的各个版本

关于孝庄太后下嫁多尔衮的说法有很多，但主要有十种：

青梅竹马说

有学者认为，孝庄太后与多尔衮原本就青梅竹马、两小无猜，皇太极去世后，是爱情的力量让孝庄太后下嫁给了多尔衮。

所谓"青梅竹马，两小无猜"，就是说两个天真无邪的人从小一起长大，彼此亲密无间，没有猜疑。"青梅竹马，两小无猜"的前提是从小相识，但孝庄太后与多尔衮年少的时候认识吗？

孝庄太后是蒙古人，生活在蒙古科尔沁部（今内蒙古通辽市），而多尔衮是满人，生活在辽东赫图阿拉城（今辽宁抚顺市，努尔哈赤刚即位时，定都于此），两地相距三四百公里。两人相隔如此遥远，根本就没有办法从小相识并一起长大，更谈不上"青梅竹马，两小无猜"了。此外，孝庄太后 13 岁就嫁给了皇太极，她与多尔衮也压根就没有"青梅竹马，两小无猜"的机会。所以说，"青梅竹马说"并不成立。

如果从多尔衮死后的结局来看，孝庄太后不但与多尔衮没有青梅竹马之情，甚至还很可能不存在任何感情纠葛：多尔衮死后不久，顺治就立刻颁布了多尔衮的十大罪状，多尔衮被"削爵，撤庙享，并罢孝烈武皇后谥号庙享，黜宗室，籍财产入官"。此外，据意大利传教士卫匡国的《鞑靼战记》记载说，多尔衮的坟墓被挖，尸体遭到鞭打，甚至有人将其头颅斩下，使其身首异处。如果孝庄太后与多尔衮存在一丝感情，恐怕多尔衮也不会在死后落得如此下场吧？

报恩说

有学者认为，孝庄太后下嫁多尔衮是为了报答多尔衮拥立自己的儿子顺治继位的大恩，但顺治继位是多尔衮的功劳吗？

崇德八年（公元 1643 年），皇太极猝死于盛京。关于皇位继承人，满人最初实施的是汗位推选制，由满八旗的旗主推选出新任皇帝。皇长子豪格与睿亲王多尔衮便成了大臣们拥立的主要对象。

豪格是皇太极的长子，英勇善战，屡立战功，颇受群臣的拥戴。由皇太极生前亲自掌管的正黄旗和镶黄旗支持豪格继承皇位。此外，正蓝旗、镶蓝旗、正红旗、镶红旗也倾向于支持豪格继承皇位。

多尔衮是努尔哈赤的儿子，皇太极的弟弟，豪格的叔父，此时他虽然已经不是皇子，但军功卓著，有正白旗和镶白旗两旗的支持，完全具备与豪格争夺皇位的资本。

如果豪格想要继位，势必要经过多尔衮的同意。如果多尔衮强行继位，也势必会遭到六旗的反对。正当两人争执不下的时候，他们想到一个折中的办法，就是让皇太极的第九子、年仅6岁的顺治继位，并由多尔衮和豪格的支持者郑亲王济尔哈朗摄政。济尔哈朗出任第一摄政王，多尔衮出任第二摄政王，这样就平衡了双方的势力。

由顺治继位是由多尔衮率先提出的吗？有两种观点：一种认为是由多尔衮提出的，另一种认为是由郑亲王济尔哈朗提出的。

据《清史稿·多尔衮传》记载："（崇德）八年，太宗崩，王（睿亲王多尔衮）与诸王、贝勒、大臣奉世祖即位。"意思是说，是由多尔衮与诸位王公贝勒拥立顺治继位的。

而《清史稿·世祖本纪》中却记载说："（崇德）八年秋八月庚午，太宗崩，储嗣未定。和硕礼亲王代善会诸王、贝勒、贝子、文武群臣定议，奉上嗣大位，誓告天地，以和硕郑亲王济尔哈朗、和硕睿亲王多尔衮辅政。"意思是说，顺治继位是由礼亲王代善与诸王（包括多尔衮）以及大臣商议的结果。这里主要倾向认为是由济尔哈朗率先提出让顺治继位的。

根据以上记载来看，多尔衮确实参与了拥立顺治继位一事，但这并不代表拥立顺治继位是由多尔衮提出的，因为拥立顺治继位的并非只有多尔衮，肯定还有他的对手豪格。如果豪格不支持拥立顺治继位，那么顺治肯定也无法继位，因此，我们就能说豪格是率先提出拥立顺治继位的人吗？显然不合适！所以说，顺治继位是由多尔衮率先提出的并没有确切的证据。

事实上，率先提出让顺治继位的应当是济尔哈朗。众所周知，政治斗争通常是你死我活的一场厮杀。从双方利益来看，如果多尔衮在顺治继位之前就与孝庄太后和顺治存在深厚的私人感情，并且提出让顺治继位，豪格为今后的命运考虑，断然不会同意让顺治继

167

位，因此，我们还可以从侧面推断出，多尔衮与孝庄太后至少在顺治继位之前并无情感纠葛，也不太可能率先提出让顺治继位。顺治继位不过是豪格与多尔衮争夺皇位期间双方均无法胜出的无奈选择，而多尔衮在拥立顺治继位一事上，并未做出什么贡献，孝庄太后也根本就没有必要报恩，就更没有必要下嫁多尔衮了。

保皇说

坚持"保皇说"观点的学者认为，顺治年幼，皇位不稳，再加上多尔衮有篡位之心，孝庄太后为保全顺治的皇位，被迫委身下嫁给了多尔衮。但事实上，孝庄太后有必要保全顺治的皇位吗？

其实，顺治继位已成铁定的事实，并且他还尊称多尔衮为"皇父摄政王"，多尔衮可以说与皇帝无异，顺治不过是他的傀儡，他恐怕不会愿意背负篡位之名而冒天下之大不韪称帝，所以孝庄太后也根本没有必要靠下嫁多尔衮而保全顺治的皇位。

皇父摄政王说

《清圣祖实录》曾记载过孝庄太后对康熙所说的一段话："我心恋汝皇父及汝，不忍远去。"从这里来看，"皇父"就是"父皇"的意思，因此，有人就认为如果孝庄太后没有下嫁多尔衮，顺治就没有必要称呼多尔衮为"皇父"。在弄清事实之前，让我们先来看看，多尔衮是如何成为"皇父摄政王"的。

顺治元年（公元 1644 年），多尔衮因功勋卓著被封为叔父摄政王。

顺治二年（公元 1645 年），御史赵开心认为，皇帝称多尔衮为叔父摄政王是因为多尔衮是皇帝的叔父，只有皇帝才可以如此称呼，而大臣与百姓应当在"叔父"前加"皇"字，这样才符合尊卑有序的等级制度。于是，多尔衮从"叔父摄政王"变成了"皇叔父摄政王"。

据《清史稿·多尔衮传》记载："（顺治）五年（公元 1648 年）十一月，南郊礼成，敕诏曰：'叔父摄政王治安天下，有大勋劳，宜加殊礼，以崇功德，尊为皇父摄政王。凡诏疏皆书之。'"这段话明确指出，多尔衮是因为治理天下功勋卓著才被尊称为"皇父摄政王"的，而非是因为孝庄太后下嫁给了多尔衮。

此外，在多尔衮死后，《清史稿·多尔衮传》还记载说："郑亲王济尔哈朗、巽亲王满达海、端重亲王博洛、敬谨亲王尼堪及内大臣等疏言：'……（多尔衮）背誓肆行，妄自尊大，自称皇父摄政王。凡批票本章，一以皇父摄政王行之。仪仗、音乐、侍从、府第，僭拟至尊。擅称太宗文皇帝序不当立，以挟制皇上。'"我们可以从"妄自尊大，自称皇父摄政王"看出，实际上是多尔衮自封的"皇父摄政王"，与孝庄太后毫无关系。

至于"皇父"二字，其实并不能证明孝庄太后曾下嫁多尔衮，因为古代帝王为表彰功臣，也有很多尊称功臣为"父"的例子，如周武王称姜尚为尚父、齐桓公称管仲为仲父等。

众所周知，清朝皇子称呼皇帝为"皇阿玛"，而光绪帝却称慈禧太后为"皇阿玛"，难道这能证明慈禧太后就是男性吗？

事实上，多尔衮从"叔父摄政王"到"皇叔父摄政王"，再到"皇父摄政王"，不过是多尔衮个人权势不断膨胀的过程。顺治作为一个毫无实权的小皇帝，除了一而再再而三地忍让，也毫无其他办法。

收继婚说

所谓"收继婚"，就是指可以娶兄弟的寡妻以及除生母之外的亡父的遗孀。明朝时，对于汉人而言，收继婚是要被处以绞刑的，但满人传统上确实存在收继婚的习俗。所以，有学者就认为，孝庄太后下嫁多尔衮只是沿袭了满人收继婚的习俗。但这不过是一种推论，并没有确切的证据证明孝庄太后曾经下嫁多尔衮。

对于平民或王公贵族而言可以收继婚，但对于堂堂的一国太后而言，想要被收继婚恐怕也不太合适吧？

皇宫内院说

乾隆年间，史学家蒋良骐曾在纂修的《东华录》一书中记载说，多尔衮有时候会出入皇宫内院。皇宫内院是太后和皇帝嫔妃居住的地方，一般王公大臣是不允许进入的，因此，有些学者就认为，这是孝庄太后下嫁多尔衮并与多尔衮同居的证据。

事实上，此时多尔衮已权倾朝野，与皇帝无异，如果想要找孝庄太后商量国家大事，进入皇宫内院，谁敢阻拦？这并不能证明孝庄太后曾下嫁多尔衮。

下嫁诏书说

有人声称自己的父亲曾在宣统年间见到过《太后下嫁诏书》，但后来经好友询问得知，原来是当事人为了炒作自己的新书在题跋语时加上的噱头，事实上其父并没有见到过《太后下嫁诏书》。到目前为止，也没有任何人见到过《太后下嫁诏书》。

《建夷宫词》说

顺治六年，一位叫张煌言的人曾写过一首名叫《建夷宫词》的诗，而这首诗也是迄今为止唯一记载孝皇太后下嫁的文字，诗的内容为："上寿觞为合卺尊，慈宁宫里烂盈门，春宫昨进新仪注，大礼恭逢太后婚。"如果单从这首诗来看，孝庄太后确实下嫁了，但这首诗存在很多疑点。

张煌言是著名的抗清英雄，在崇祯年间，曾官至兵部尚书。顺治元年，张煌言起兵抗清，曾与郑成功一同连续攻克安徽二十余城。他坚持抗清近20年，直到康熙年间郑成功等人相继去世，他见光复大明无望，才解散部队，隐居山林。但不幸的是，不久被俘并惨遭杀害。

从张煌言的个人经历来看，很明显他与大清政权势不两立，由他创作的《建夷宫词》很难保证内容是客观的。我们仅从诗的名字中就能看出很大的民族偏见："建"是指建州女真，满人属于女真族三大部之一的建州女真，当时满人称帝后建立的后金已经改名为大清，但张煌言仍旧称呼满人为"建州女真"。而"夷"是指"夷狄"，说满人就是蛮夷之人。

"慈宁宫里烂盈门"，说孝庄太后的婚礼是在慈宁宫里举办的。事实上，慈宁宫在李自成撤出北京时已被焚毁，于顺治十年时重新修好，孝庄太后也是在这一年才搬进慈宁宫居住的，但此时离多尔衮去世已经三年，他们根本不可能在慈宁宫举行婚礼。

此外，张煌言在写这首诗的时候身在江南，并不在北京，他并没有亲眼见到，只是道听途说，因此不足取信。

我们知道，诗词是用来抒发个人情感的，可以夸张，也可以比拟，《建夷宫词》不但带有偏见，还出现很多与事实相悖的事情，所以并不能证明孝庄太后曾下嫁多尔衮。

朝鲜史料说

《朝鲜王朝实录》中曾记载："顺治六年（公元1649年）二月壬寅，上朝鲜国王曰：'清国咨文中有皇父摄政王之语，此何举措？'金自点曰：'臣问于来使，则答曰今则去叔字，朝贺一事，与皇帝一体云。'郑太和曰：'敕中虽无此语，似是已为太上矣！'上曰：'然则二帝矣！'"

当朝鲜大臣金自点问清朝使者为何多尔衮会从"皇叔父摄政王"突然变成"皇父摄政王"时，大清使者并没有直接回答，而是告诉他，去掉"叔"字，进京朝贺时，应当视摄政王与皇帝为一体。

　　有学者根据朝鲜大臣郑太和的"敕中虽无此语，似是已为太上矣"认定孝庄太后曾下嫁多尔衮。事实上，郑太和只不过是说多尔衮"似是"已成为太上皇，但并没有说多尔衮就是太上皇，况且这话仅仅是从多尔衮的地位来说的。我们单从多尔衮的地位来看，其实与太上皇无异，郑太和也不过只是打个比方而已。

　　朝鲜国王听完郑太和的话后，又说了句"然则二帝矣"，意思是说，如果多尔衮真成了太上皇，那么大清就会有两个皇帝啊！由此来看，朝鲜国王也是在猜测，并没有肯定多尔衮就是太上皇。

　　如果孝庄太后曾经下嫁多尔衮，大清朝廷一定会把太后下嫁诏书送到朝鲜，《朝鲜王朝实录》里也一定会对此事做出记载，但翻遍《朝鲜王朝实录》，并未找到对此有只言片语的记载。仅凭朝鲜君臣的猜测，并不能确定孝庄太后曾下嫁多尔衮。

未葬昭陵说

　　按照清朝祖制，孝庄太后死后理应与皇太极一同安葬在昭陵。皇太极有五位妻子，除了孝庄太后被安葬在昭西陵之外，其他则全部被安葬在昭陵，因此，有学者就认为，这是因为孝庄太后下嫁多尔衮后无颜在黄泉之下面见皇太极，所以才不愿与之合葬，但这种说法有道理吗？

　　针对未葬昭陵一事，《清实录》中曾记载了孝庄太后在临终前给康熙留下的遗嘱，说："太宗文皇帝（皇太极）梓宫安奉已久，不可为我轻动。况我心恋汝皇父及汝，不忍远去，务于孝陵（埋葬顺治的地方）近地择吉安厝，则我心无憾矣。"皇太极死于1643年，孝庄太后死于1688年，两者去世时间相差45年，孝庄太后不愿惊动死者亡灵也在情理之中。

　　事实上，清代皇帝与皇后分葬的并非只有孝庄太后一人。其中，顺治安葬在东陵，孝惠章皇后则安葬在孝东陵；雍正安葬在西陵，孝圣宪皇后则安葬在泰东陵……皇帝与皇后分葬也是常事，所以并不能证明孝庄太后曾下嫁多尔衮。

孝庄太后会下嫁多尔衮吗？

我们知道，在皇帝的诏书和大臣的奏疏中都大张旗鼓地尊称多尔衮为"皇父摄政王"，如果孝庄太后下嫁了多尔衮，单凭多尔衮飞扬跋扈的性格也一定会将此事大张旗鼓地昭告天下，国人也一定会对此大书特书，但目前未发现有关此事的记载。

如果说正史存在忌讳，那么私家笔记、秘录、文集等也会对此事进行记载。退一万步说，国人因忌讳不敢记载，那么朝鲜人的《朝鲜王朝实录》则可以毫无避讳地记载，但仍旧没有找到任何关于孝庄太后下嫁多尔衮的蛛丝马迹。

到目前为止，还没有任何一条过硬的证据能够证明孝庄太后曾下嫁多尔衮，因此，此事应当是子虚乌有的。

顺治是出家了，还是病死了？

　　顺治十八年（公元 1661 年）正月初二，从皇宫传来消息，年仅 24 岁的顺治帝驾崩于养心殿。正值盛年的顺治帝骤然驾崩，着实令人难以置信。于是，民间开始流传说，顺治帝并没有驾崩，而是到五台山出家当和尚了。堂堂一代帝王，竟出家为僧，着实有损皇家颜面。于是，皇室只好对外宣称顺治帝驾崩了。那么，顺治帝到底是驾崩了呢，还是出家当和尚了呢？

顺治是如何与佛教结缘的？

　　早在清兵入关以前，顺治的祖父努尔哈赤就信奉佛教。他不但在当时的都城赫图阿拉修建了寺庙，还时常在脖子上挂着念珠。后来，皇太极即位，将都城迁到了盛京，也同样在盛京修建了一座寺庙，并取名为实胜寺。孝庄太后是蒙古人，蒙古人一向信奉喇嘛教（藏传佛教）。顺治在家族的影响下，从小就对佛教有一定的认识。不过，后来顺治之所以痴迷于佛教，与孝庄太后和多尔衮有很大关系。

　　多尔衮做了七年的摄政王，也让顺治做了七年的傀儡皇帝，七年的傀儡生涯让顺治倍感无助。就在顺治郁郁寡欢的时候，孝庄太后与多尔衮又联合逼迫他迎娶了孝庄太后的侄女博尔济吉特氏为妻，并册封其为皇后。博尔济吉特氏善妒，不能容人，与顺治总是发生摩擦，顺治对她是极其厌恶。结婚两年后，顺治不顾孝庄太后与群臣的反对，执意废黜了博尔济吉特氏并降为静妃。

博尔济吉特氏被废不久，孝庄太后又从家族中找到另一位女子，并将其册封为皇后，这就是后来的孝惠章皇后。孝惠章皇后与顺治同样不睦，顺治一再想要将其废黜，但却被孝庄太后横加阻挠，以至于未能如愿。两段不幸的婚姻让顺治变得更加苦闷压抑。

为排解内心的苦闷与压抑，顺治开始醉心于佛教了。

顺治十四年（公元1657年），顺治途经海会寺，召见了憨璞性聪禅师，并与其谈论佛法。两人一见如故，相交甚欢。顺治回宫后，意犹未尽，便将憨璞性聪召进万善殿继续谈论佛法，两人一谈就是数天。

顺治曾问憨璞性聪说："从古治天下，皆以祖祖相传，日对万机，不得闲暇。如今好学佛法，从谁而传？"

憨璞性聪回答说："皇上即是金轮王转世，夙植大善根、大智慧，天然种姓，故信佛法，不化而自善，不学而自明，所以天下至尊也！"顺治见憨璞性聪盛赞自己为金轮王转世，不禁龙颜大悦。

顺治十五年（公元1658年），顺治又召见湖州（今浙江吴兴）报恩寺住持玉林琇进京说法。玉林琇辞谢，不肯奉召，但经不住顺治多番恳请，最终被迫于顺治十六年面圣。顺治当即封玉林琇为"大觉禅师"，并自称弟子，还请求玉林琇赐他法名。玉林琇为其取名"行痴"，号"痴道人"。在京城待了不到2个月，玉林琇便请求南还，顺治赐其黄衣、金印，然后还派官员将其护送回报恩寺。但与此同时，顺治又让官员将其弟子溪森召到了京城。顺治对溪森可谓是尊崇有加，言听计从。

在玉林琇离京前不久，顺治还曾召见浙江天童寺名僧木陈忞。据木陈忞所著《北游集》记载，木陈忞曾对顺治参禅悟法的能力赞

不绝口，还说顺治"夙世为僧（前世是僧人）"。顺治也认为："朕
想前身的确是僧。今每常到寺，见僧家明窗净几，辄低回不能去
……若非皇太后一人挂念，便可随老和尚出家去。"

顺治对佛教的信仰几乎已经达到痴迷的程度。他不但自己信
佛，还经常用禅宗经典给自己最深爱的董鄂妃讲述佛法。董鄂妃起
初并不信佛，由于受到顺治的影响，也逐渐成为佛教徒。董鄂妃在
弥留之际，还端坐在床上不断地念佛号，直到去世。

起初，顺治虽然想出家，但因俗事缠身未能付诸行动，后来真
正让顺治执意想要出家的是董鄂妃之死。

顺治有多宠爱董鄂妃？

董鄂妃在顺治的嫔妃中，可谓是集万千宠爱于一身。关于董鄂
妃的身世有三种说法：

其一，《清史稿·列传一·后妃》明确记载："孝献皇后，栋鄂
氏（即董鄂妃），内大臣鄂硕女。"此外，顺治在董鄂妃去世后的悼
文《御制董鄂后行状》中也明确说："后董鄂妃，满洲人也。父，
内大臣鄂硕，以积勋封至伯，殁赠侯爵，谥刚毅。"我们可以从中
看出，董鄂妃的确是内大臣鄂硕之女。

其二，董鄂妃与董小宛都以"董"为"姓"，于是有人就认为，
董鄂妃就是江南名妓董小宛。董小宛出生于公元 1624 年，顺治出
生于公元 1638 年，也就是说，董小宛比顺治大 14 岁。崇德八年
（公元 1643 年），19 岁的董小宛嫁给了江南名士冒辟疆为妾。顺治
元年（公元 1644 年），清军攻陷南京，有人就认为，董小宛正是在
此时被掳到王府的，又恰巧被孝庄太后看上，然后被召进皇宫。顺
治对其一见倾心，便册封其为贵妃。但事实上，董鄂妃是在顺治十

三年（公元1656年）被立为贤妃的，此时离董小宛去世已经过了整整五年，因此，董小宛并非董鄂妃。

事实上，"董鄂"是满语的音译，也有史书将其译为"栋鄂"、"东峨"、"董额"等，"董鄂"是满族人的姓氏，与"董"姓毫无关系。

其三，襄亲王博穆博果尔是顺治的亲弟弟，有人认为，董鄂妃是博穆博果尔的妻子。倘若真是如此，那么董鄂妃就是顺治的弟妹。据说，博穆博果尔发现董鄂妃与自己的哥哥有私情后，将董鄂妃痛斥一番，董鄂妃感到委屈，便去找顺治哭诉。顺治恼羞成怒，将博穆博果尔痛打一顿。不久，博穆博果尔含恨而死，死时年仅14岁。博穆博果尔于顺治十三年七月初三去世，顺治于八月二十三日正式册封董鄂妃为妃。

不过，德国人魏特认为，董鄂妃并非博穆博果尔的妻子，而是一位军人的妻子。他在《汤若望传》中写道："顺治皇帝对于一位满籍军人之夫人，起了一种火热爱恋，当这一位军人因此申斥他的夫人时，他竟被对于他这申斥有所闻知的天子，亲手打了一个极怪异的耳刮。这位军人于是乃因怨愤致死，或许竟是自杀而死。皇帝遂即将这位军人底未亡人收入宫中，封为贵妃。"

不管是"博穆博果尔之妻说"，还是"满籍军人之妻说"，它们都有一个共同的特点，那就是董鄂妃在顺治册封她为妃之前就已经嫁人了，顺治是从别人那里将她抢来的。

作为一代帝王，顺治如果不是特别喜欢一个女人，是断然不会不顾流言蜚语去抢占他人的妻子的！

就在董鄂妃被册封为贤妃的4个月后，顺治又迅速以"敏慧端良，未有出董鄂氏之上者"为由，将董鄂妃册封为皇贵妃。此外，顺治还为董鄂妃举行了盛大的册封典礼并大赦天下。因册立皇后、嫔妃而大赦天下的行为在大清建国近300年间都是绝无仅有的。皇贵妃的地位在嫔妃中仅次于皇后，董鄂妃虽然不是皇后，但无论是规格待遇，还是恩宠，都远在皇后之上。

顺治十四年（公元1657年），董鄂妃为顺治生下了被顺治称为"第一子"的皇四子。然而，不幸的是皇四子出生仅3个月便夭折了。顺治逾越祖制，追封其为和硕荣亲王。

董鄂妃原本就体弱多病，又经历丧子之痛，病情逐渐加重。顺治十七年（公元1660年），年仅22岁的董鄂妃病逝于承乾宫，给顺治造成了致命打击，以至于顺治4个月都未能上朝。据魏特的《汤若望传》记载，董鄂妃去世后，顺治"竟至寻死觅活，不顾一切，人们不得不昼夜看守着他，使他不得自杀"。

后来，顺治追封董鄂妃为皇后，并让礼臣拟议谥号。谥号字数越多，表示地位越尊贵。起初，礼臣所拟谥号仅有四字，后来升至六字、八字，但均被驳回，直到十字为止，再加上"孝献"和"皇后"四字，最终定谥号为"孝献庄和至德宣仁温惠端敬皇后"。尽管董鄂妃已经得到逾越祖制的超高待遇，但顺治仍旧感到内疚，因为清代皇后的谥号最后四字均带有"×天×圣"字样，如孝庄太后的谥号最后四字为"翊天启圣"，但董鄂妃的谥号仅为"温惠端敬"。

董鄂妃的去世让顺治失去了理智。他甚至为担心董鄂妃"在其他世界中缺乏服侍者"，而不惜下令将30名太监、宫女赐死陪葬。不过，后来由于群臣劝谏，顺治才无奈作罢。

顺治为超度董鄂妃的亡灵，还在景山观德殿为其举办了一场大规模的水陆法会，让108名僧众为其诵经。待"三七"之后，才依依不舍地将董鄂妃的尸体火化，葬入东陵。

178　　　自打董鄂妃离世之后，顺治开始出现厌世情绪，同时也坚定了他遁入空门的决心。

顺治出家了吗？

顺治一心想要出家，在当时可谓是人尽皆知。就在国内不断流传顺治已经剃度出家的关口，却又从皇宫传来顺治驾崩的消息，因此，人们才会对"驾崩之说"产生怀疑。坚持认为"顺治出家"的学者，大致有四条证据：

其一，有人认为，明末清初著名诗人吴伟业所写的四首《清凉山赞佛诗》（五台山又叫清凉山）是证明顺治曾在五台山出家最有力的证据。然而，事实恰恰相反。

《清凉山赞佛诗》中的第三首诗这样写道："回首长安城，缞素惨不欢。房星竟未动，天降白玉棺。惜哉善财洞，未得夸迎銮。"意思是说，回望京城，民众悲痛不已。皇帝的车架尚未出发，皇帝就驾崩了。其言外之意是说，顺治原本想去云台山出家，但尚未动身，便不幸驾崩了。

不过，在吴伟业《读史有感》的八首诗中反倒是似乎提到了顺治出家一事。其中一首说："弹罢警弦便薤歌，南巡翻似为湘娥。当时早命云中驾，谁哭苍梧泪点多。"另一首说："重壁台庙八骏蹄，歌残黄竹日轮西。君王纵有长生术，忍向瑶池不并楼。""南巡"与"台庙"似乎都在暗示顺治出家了。但吴伟业写《读史有感》时已经南归，所作不过是道听途说而已。再则，《读史有感》的第三首诗与第八首诗，又分别说"九原相见尚低头"、"扶下君王到便房"，"九原"和"便房"均指墓地，似乎又在暗示顺治已经驾崩。这两首诗与前面的两首诗互相矛盾，并且都是暗指，所以说根本就无法证明顺治曾在五台山出家。

其二，有人说康熙六次西巡，其中有五次去了五台山进香，实际上是专程去看望顺治的。然而，康熙第一次西巡到五台山是在康熙二十二年，此时离顺治"出家"已经将近 22 年，如果顺治真在五台山出家，康熙又怎会在 22 年之后才去五台山看望父亲呢？此说不合常理。

其三，庚子之变，八国联军攻进北京，慈禧太后与光绪帝逃到五台山，五台山僧人拿出许多御用器皿来招待他们。有人就猜测，这些御用物品就是顺治出家时带到五台山的。事实上，这并不能证明顺治曾在此处出家，因为这些御用器皿还有可能是康熙五次来五台山所留下的。

其四，光绪帝的老师翁同龢在日记中记载说，他曾在北京的西山看到一首诗，诗中写道："我本西方一衲子，因何流落帝王家。十八年来不自由，江山坐到我时休。我今撒手归山去，管他千秋与万秋。"此诗与顺治的个人经历暗合，的确像是顺治所作，但此诗为何会在顺治"出家"将近两百年之后才被发现呢？难免让人怀疑这是后人以顺治口吻所作。退一万步说，即便此诗是顺治所作，也仅能证明他有出家之心，但未必就能证明他确实出家为僧了。

顺治想出家为僧这是毋庸置疑的，但他没有成功！

董鄂妃去世两个月后，顺治让溪森为其剃度。孝庄太后无法阻拦，便将溪森的师父玉林琇召进皇宫。玉林琇见到顺治时，顺治已经剃度。玉林琇多番劝阻，但顺治执意要出家。玉林琇无奈，只好命人将溪森绑在干柴上，想要当众烧死溪森。顺治于心不忍，这才放弃了出家的念头。

为什么说顺治是病死的？

既然顺治未能成功出家，那么，他是病死的吗？确实有五个充分的理由证明顺治是病死的，并且是死于天花。

其一，顺治十八年（公元 1661 年）正月初六深夜，顺治急召礼部侍郎兼翰林院掌院学士王熙入养心殿，并口授遗诏。据王熙《自撰年谱》记载，召见当天，顺治对他说："朕患痘，势将不起。尔可详听朕言，速撰诏书。"王熙"伏地饮泣，笔不能下，上谕勉抑哀痛，即御榻前先草第一条以进。"随后，王熙转到乾清门撰写遗诏，三次上奏之后，得到钦定。初七晚，顺治便驾崩了。

其二，根据溪森弟子超德等人所编的《溪森语录》记载："初七帝崩，亦遗诏请溪秉炬。"意思是说，初七顺治驾崩，遗诏说让溪森为其举行火化仪式。

其三，魏特《汤若望传》中记载说："如同一切满洲人一般，顺治对于痘症有一种极大的恐惧，因为这在成人差不多也总是要伤命的……或许是因他对于这种病症的恐惧，而竟使他真正传染上了这种病症……顺治病倒三日之后，于一六六一年二月五日到六日之夜间崩驾。"

其四，顺治驾崩前夕，民间开始禁止炒豆。对此，曾为顺治撰拟董鄂妃祭文的兵部督捕主事张宸在《青琱集》中留有记载："传谕民间勿炒豆，勿燃灯，勿泼水，始知上疾为出痘。"

其五，顺治之所以选择康熙继位，有一个原因是康熙曾经患过天花，身体已经产生免疫。这也间接证明，顺治是因为身患天花而死。

综合上述，我们可以断定，顺治并未出家，而是身患天花才导致英年早逝的。

雍正是篡位，还是合法继位？

康熙晚年，众阿哥之间掀起了一场血腥的储位争夺战。在这场兄弟相残的"夺位战"中，一向被看好的太子胤礽和八阿哥胤禩却无缘皇位，而一向不被看好的四阿哥胤禛竟荣登大宝，着实令人感到匪夷所思。因此，自打雍正即位以来，有关雍正得位不正的传言便从未中断。为证明自己得位正当，雍正还写下了《大义觉迷录》一书，对自己"谋父、逼母、弑兄、屠弟、贪财、好杀、酗酒、淫色、好谀、任佞"十项罪状进行辩解，但不曾想却弄巧成拙，让人们更加怀疑其继位的合法性。那么，雍正到底是合法继位，还是篡位呢？

太子党、八阿哥党和四阿哥党三大集团的斗争

康熙一生有 35 个儿子，除去早逝的 11 个，还剩下 24 个，其中参与夺位的主要有 9 个，而最有潜力的则可分为三个集团：太子党、八阿哥党和四阿哥党。

太子党以太子胤礽为首，主要成员有议政大臣索额图等。

八阿哥党以八阿哥胤禩为首，主要成员有大阿哥胤禔、九阿哥胤禟、十阿哥胤䄉和十四阿哥胤禵。

四阿哥党以四阿哥胤禛为首，主要成员有十三阿哥胤祥、顾命大臣隆科多、川陕总督年羹尧等。

康熙早年最为中意的储君莫过于太子胤礽。胤礽是嫡长子，也是仁孝皇后所生，仁孝皇后生胤礽时因难产而死。康熙与仁孝皇后感情甚笃，仁孝皇后去世两年后，康熙一改大清皇位继承的"推举制"，实行汉人的嫡长子继承制，封胤礽为太子。

胤礽身为储君，迟早要继承皇位，于是很多趋炎附势的大臣便聚集在胤礽身边并逐渐形成太子党。在太子党中，有一个举足轻重的人物，那就是索额图。索额图是辅佐康熙的四位辅政大臣之首索尼的儿子，也是仁孝皇后的亲叔父、太子的叔姥爷。

尽管太子集荣宠于一身，又有强大的太子党作后盾，但并非没有人敢挑战他的权威，而这个人就是权倾朝野的武英殿大学士——纳兰明珠。纳兰明珠曾因辅佐康熙平定三藩、统一台湾而备受宠信。据清代史料笔记《永宪录》记载，纳兰明珠是大阿哥胤禔生母惠妃的哥哥。但经后人考证，惠妃的父亲为郎中索尔和，而明珠的父亲为尼雅哈，两人并非兄妹关系。不论纳兰明珠与惠妃关系如何，可以肯定的是，纳兰明珠属于大阿哥党。他结交大臣，对抗太子党，企图让胤禔取代胤礽的储君之位。

正当太子党与大阿哥党斗得如火如荼的时候，不想却被康熙察觉。康熙为维护太子的地位，毫不留情地罢黜了纳兰明珠。

康熙在维护胤礽的时候却没有想到，胤礽的势力逐渐发展到足以危及他皇位的地步。康熙甚至认为胤礽与索额图勾结在一起，企图发动政变，让胤礽提前继位。

康熙心中不安，决定在胤礽逼宫之前削弱胤礽的势力，而首当其冲的就是索额图。康熙将索额图圈禁在宗人府，然后活活将其饿死。至于索额图的党羽，该杀的杀，该流放的流放。

康熙诛杀索额图，原本是想警告胤礽，让他夹着尾巴做人。但胤礽不但不知收敛，反而还"欲为索额图报仇"，致使康熙"戒慎不宁"。

有一次，十二阿哥病重，康熙忧心忡忡，但胤礽却不把它当回事，康熙认为胤礽作为兄长，"绝无友爱之意"。康熙因此责骂他几句，他却愤然发怒，并在康熙出巡塞外时，每晚都围在康熙的帐篷外窥探康熙的一举一动。胤礽这种反常的行为更加加重了康熙的疑心，同时也坚定了康熙废黜他的决心。

康熙四十七年（公元1707年），康熙召集大臣，声泪俱下地说："允礽不法祖德，不遵朕训，暴戾淫乱，朕包容二十年矣。乃其恶愈张，傮辱廷臣，专擅威权，鸠聚党与，窥伺朕躬起居……朕未卜今日被鸠、明日遇害，昼夜戒慎不宁。似此不孝不仁，太祖、太宗、世祖所缔造，朕所治平之天下，断不可付此人！"随后，康熙废掉了胤礽，并将其圈禁起来，还命大阿哥胤禔严加看守。

胤禔身为大阿哥，一直对皇位抱有幻想，康熙对他还颇为器重。康熙二十九年，康熙任命胤禔为副将军，追随抚远大将军福全征讨噶尔丹。康熙三十五年，康熙亲征噶尔丹，胤禔奉命追随。康熙三十九年，康熙巡视永定河河堤，胤禔被任命为总管。可以说，胤禔的聪明才干一点都不输于太子胤礽。

胤禔认为，只要将胤礽拉下水，太子之位非他莫属。当康熙察觉出胤禔有觊觎皇位的想法时，就对外界宣称："朕从来没有想要立胤禔为皇太子的意思。胤禔秉性急躁、顽固，又怎么能做太子呢？"这对胤禔来说无疑是个沉重的打击。既然自己没有当太子的命，索性便转而支持八阿哥胤禩。胤禔之所以会选择支持胤禩，一方面是因为胤禩是由其生母抚养长大，另一方面是因为胤禩在王公大臣中的呼声最高。

胤禩，康熙的第八个儿子。支持他的人认为他待人宽厚仁慈，但讨厌他的人认为他阴险狡诈，工于心计。在众多兄弟之中，与其关系最为要好的当数九阿哥胤禟、十阿哥胤䄉以及十四阿哥胤禵。

胤礽被废不久，康熙想复立胤礽为太子，胤禩于是召集文武百官，命他们从众位阿哥中选择一位册封为太子。但出乎康熙意料的是，群臣并没有人有想要复立胤礽的意思，而是极力推荐胤禩为太子，就连大阿哥也极力推荐胤禩为太子。康熙认为八阿哥有结党之嫌，于是将八阿哥拘禁。不久之后，康熙不顾群臣的反对将胤礽复立为太子。

胤礽被复立为太子后，仍无悔改之心，仍然我行我素。康熙忍无可忍，再次废掉了胤礽并将其圈禁在咸安宫。胤礽从此与皇位失之交臂。

胤礽再度被废后，康熙从此不再提及立储之事。尽管大臣们屡屡劝谏立八阿哥胤禩为太子，但均被康熙驳回。

康熙虽然没说立胤禩为太子，但也没说不立胤禩为太子，真正让胤禩彻底无缘太子之位的是发生在康熙五十三年（公元1714年）的“毙鹰事件”。当时，康熙正在热河巡视，恰逢胤禩母亲三周年祭日，由于无法亲自给康熙请安，胤禩于是派太监给康熙进献一只苍鹰。然而，当康熙打开笼子时，却发现是一只奄奄一息的苍鹰。康熙认为这是胤禩有意在诅咒自己早死。随后，他招来胤禩，当着众皇子的面将胤禩斥责一番，还说：“自此朕与胤禩，父子之恩绝矣！”

正当太子党与八阿哥党斗得两败俱伤的时候，四阿哥胤禛却脱颖而出。他自称“天下第一闲人”，一面与太子交好，还一面与八阿哥保持良好关系。此外，他在康熙想要复立胤礽为太子期间，表现出支持康熙。在对康熙的态度上，表现得非常诚恳、孝顺，深得康熙的器重。

就在胤禛受到器重的同时，其同胞弟弟十四阿哥胤禵也同样受到了器重。康熙五十七年（公元 1717 年）春，康熙任命胤禵为抚远大将军并封大将军王，西征准噶尔。胤禵逐渐成为文武百官心目中继承皇位的合适人选。此外，无缘皇位的八阿哥胤禩也开始转而支持胤禵。

此时，只有四阿哥胤禛和十四阿哥胤禵最具有潜力成为皇位的继承者。然而，康熙驾崩后，胤禛却继承了皇位，并改年号为雍正。所谓"雍正"，就是指"雍亲王得位之正"。

雍正继位的几种说法

关于雍正继位主要有三种说法：改诏篡位说、遗诏继位说和无诏夺位说。那么，到底哪一种说法才是真相呢？

改诏篡位说

所谓篡位，就是指从皇位继承者的手中夺取皇位。综观所有史料，均未看到有关康熙传位与其他皇子的记载，因此，说雍正篡位并不正确。

有人认为，雍正篡取了十四皇子的皇位，将康熙遗诏中"传位十四子"中的"十"字改成了"于"字，就变成了"传位于四子"。事实上，古人一直使用的是繁体字，想要将繁体字的"十（拾）"改成繁体字的"于（於）"绝非易事。再加上，清朝人行文时，习惯将"十四皇子"写成"皇十四子"，将"四皇子"写成"皇四子"。即便雍正有本事将"十"字改成"于"字，那么遗诏上的"传位于皇十四子"就会被改成"传位于皇于四子"，语句就会变得不通顺。此外，清朝的传位诏书上使用的是满汉两种文体，即便汉文的"十"字被改成"于"字，那么满文也是无法轻易修改的。所以说，雍正改诏篡取十四皇子的皇位一说并不成立。

遗诏继位说

一些学者之所以支持"遗诏继位说"，理由有四：

第一，康熙六十一年（公元 1721 年）十一月十三日，也就是康熙去世的当天，康熙曾召皇三子、皇七子、皇八子、皇九子、皇十子、皇十二子、皇十三子和隆科多八人进宫，并向他们宣示口谕说："雍亲王皇四子胤禛，人品贵重，深肖朕躬，必能克承大统，著继朕登基，即皇帝位"。

第二，康熙临死前曾留下一份遗诏。遗诏前面大部分内容与康熙五十四年颁布的谕旨相同，只是在结尾处添加了由雍正继承皇位的关键性语言。针对谕旨一事，康熙曾说："此谕已备十年，若有遗诏，无非此言。"

第三，康熙去世前三天，命雍正到天坛代为祭天。代天子祭天意义非凡，学者们认为，这足以证明康熙有意传位于雍正。

第四，《清圣祖仁皇帝实录》记载说："皇四子胤禛闻召驰至。巳刻，趋进寝宫。上告以病势日臻之故。是日，皇四子胤禛三次进见问安。"意思是说，康熙去世当天，曾三次召见雍正，这也足以看出康熙有意传位于雍正。

无诏夺位说

一部分学者认为，《康熙遗诏》是雍正伪造的，雍正在康熙前几年颁布的谕旨的基础上，伪造并添加了让自己继位的一段话。所以，雍正才会在康熙去世三天后对外公布《康熙遗诏》，而非在当天立即公布。

由于康熙临终前没有留下遗诏选定继承人，所以雍正是在没有诏书的情况下夺取皇位的。

雍正继位到底合法吗？

想要知道雍正继位是否合法，还要回答八个疑问：

其一，康熙临终前是否曾向七位皇子和隆科多宣布口谕让雍正继位呢？

康熙宣布传位口谕时，雍正并不在场。雍正也亲口承认自己得知父皇传位于他的口谕是从隆科多那里听到的。所以，有人就认为，康熙理应当着继承人的面宣布口谕，但康熙并没有这样做，所以他向七位皇子和隆科多宣布口谕一事纯属雍正继位后编造的。

事实上，康熙宣布口谕时，雍正正在天坛祭天。再从是由隆科多向他传达口谕一事来看，雍正并不知道康熙何时去世，所以没有赶回畅春园恭听圣谕也在情理之中。如果他事先得知康熙病危，无论是觊觎皇位，还是念及父子之情，他又岂会不回去见康熙最后一面呢？

康熙去世当天曾三次召见雍正，他把传位之事告诉了七位皇子和隆科多，却唯独向皇位继承人雍正保密，因此，一些学者认为这不符合常理，所以他们认为"口谕"一事纯属编造。

其实，康熙在召见雍正期间曾对雍正说"病势日臻"，就是说康熙认为自己病情有所好转，恐怕当时连他本人都没有意识到自己大限将至，在众皇子为储位斗争最激烈的时候，康熙不到最后一刻不宣布继承人也在情理之中。不过，康熙在自己病重时，接连召见雍正，还让他代为祭天，反倒证明康熙看好雍正。

为何仅有隆科多向雍正传达口谕呢？当时一起恭听口谕的有皇三子、皇七子、皇八子、皇九子、皇十子、皇十二子、皇十三子和隆科多，其中只有皇十三子和隆科多属于四阿哥党，再加上隆科多是顾命大臣，又是雍正的舅舅，还有比隆科多向雍正传达口谕更合适的人选吗？除了皇十三子之外，与雍正斗争多年的其他皇子恐怕没有人愿意将这个消息告诉雍正吧？

其二，雍正会毒杀康熙吗？

康熙驾崩后，民间就开始流传起雍正用人参汤毒杀康熙一事。但雍正会这么做或者有机会这么做吗？

众所周知，康熙一生博学并且精通医理。他曾对外明确表示过，人参不适合北方人食用，所以一生很少吃人参。如果雍正知道康熙不喜欢吃人参，断然不会做人参汤给康熙。即便雍正不知道康熙不喜欢吃人参，康熙断然也不会在病重期间食用他认为不适合北方人食用的人参汤。退一万步说，即便康熙食用了雍正送来的人参汤，也不会发生被毒杀的事情，因为皇帝饮食用药都有人提前试吃，雍正根本就没有机会毒杀康熙。所以说，康熙应当是正常病逝的。

其三，《康熙遗诏》是真是假？

目前，虽然没有确切的证据证明遗诏是真的，但也没有任何确切的证据证明遗诏是假的，而它却真真实实地存在于世，并且直至今日还被完好地保存在档案馆中。

至于雍正为什么要在康熙驾崩三天后才公布遗诏，这个其实也很容易解释。如果康熙临终前有传位口谕，雍正原本是不必再颁布遗诏的，但关于他得位不正的负面消息大肆流传时，他一定会拿出遗诏，以正视听。

其四，康熙驾崩，雍正为何会关闭京城九门？

康熙驾崩后，雍正立刻命人关闭京城九门，戒严长达 6 天，没有谕旨，王公大臣都不得擅自出入皇宫，就连皇子进宫吊唁都不被允许。有人认为，雍正之所以这样做是因为得位不正，心里有鬼。

雍正做出这样的行为其实并不难理解，他不过是为了避免与自己争斗多年的兄弟们发动政变而做出的一系列的预防措施而已。

其五，雍正杀兄屠弟是因为得位不正吗？

自古以来，皇家无亲情。无论得位正与不正，历朝历代为巩固皇位而杀兄屠弟的皇帝可谓是数不胜数。雍正与众兄弟争斗多年，之所以杀兄屠弟，一方面是出于争夺储君的私仇，另一方面是出于对皇位的巩固。换位思考一下，如果让其他皇子继承皇位，恐怕雍正也不会有什么好下场。所以说，这与得位不正毫无关系。

其六，隆科多、年羹尧之死有杀人灭口之嫌？

雍正能够顺利继位在内得力于隆科多，在外得力于年羹尧。但雍正继位后却杀掉了自己的两大功臣，这是不是杀人灭口呢？

雍正刚继位时，隆科多被任命为吏部尚书，承袭一等公爵位。不久，又与年羹尧一起被加封为太保。两人仕途可谓是一路高歌猛进。

然而，后来年羹尧自恃有拥立之功，变得骄纵跋扈，并且结党营私、聚敛钱财。更加忌讳的是，他在觐见雍正时却"御前箕坐，无人臣礼"，这才让雍正动了杀机。可以说，年羹尧被杀纯属咎由自取。

年羹尧被杀不久，又查出隆科多收受年羹尧等人的贿赂，并且结党营私，私藏皇家族谱，因此，才被雍正幽禁于畅春园。8个月后，死于禁所。

由此可见，隆科多与年羹尧的死都是行为不端所导致的，与雍正杀人灭口毫无关系。

其七，雍正为何将自己埋葬在西陵而非东陵？

顺治与康熙去世后被都被埋葬在东陵，按照"子随父葬，祖辈衍继"的丧葬制度来看，雍正理应被安葬在东陵，但雍正却一改祖辈的丧葬制度，在九凤朝阳山另建西陵。所以有些学者就认为，这是因为雍正得位不正，无颜在地下面见康熙。

对于为什么不在东陵建造陵寝，雍正的解释是："（东陵）规模虽大而形局未全，穴中之土又带砂石，实不可用。"所以，他命人选择"万年吉地"。西陵"乾坤聚秀之区，阴阳汇合之所，龙穴砂水，无美不收。形势理气，诸吉咸备"，并且"山脉水法，条理详明，洵为上吉之壤"，所以雍正决定在西陵建造陵寝。

雍正之所以不在东陵建造陵寝而选择西陵，或许是因为死后无颜面见康熙，但这并不能确定就是因为得位不正，还有可能是因为他"杀兄屠弟"。

其八，雍正是不是康熙最中意的继承人？

康熙一生最中意的继承人是太子胤礽，但胤礽两度被废后，康熙对他彻底失去了信心。而大臣最中意的是八阿哥胤禩，但康熙一生从未想过要传位与胤禩。康熙晚年最中意的皇子当属四阿哥胤禛和十四阿哥胤禵。

康熙六十年（公元 1721 年），也就是康熙登基六十周年大庆，胤禛代父到盛京祭祖。同年冬，又代父到天坛祭天。康熙六十一年，雍正再次代父到天坛祭天。康熙去世当天，曾三次召见雍正。这些足以看出康熙非常器重雍正。

至于胤禵，只是让他掌管军权，征讨外敌而已。康熙如此做法，不过是让众皇子各尽其才，并没有像当初培养太子胤礽一样让他监国培养他的治国能力。培养储君与掌握军权有本质的区别，所以不能断定康熙就想让胤禵继承皇位。退一万步说，雍正代父祭天这种大事如果不能确定康熙想让雍正继承皇位，又怎么能仅仅凭借胤禵被封大将军王而断定康熙让胤禵继承皇位呢？

综合以上所述，"改诏篡位说"并不成立。如果"遗诏继位说"

成立，那么雍正继位完全合法；如果"无诏夺位说"成立，雍正不过是在众多夺位的兄弟之中胜出了而已，也同样合法。因此，我们可以说，雍正继位完全合法。

其实，与"遗照继位说"和"无诏夺位说"相比，雍正还有一种继位方式，也是最有可能的继位方式，那就是"口谕继位"，从康熙对雍正的器重中也足以看出。

慈禧发动戊戌政变是因为袁世凯告密吗？

戊戌变法是中国近代史上的一次重要的政治改良运动。起初，维新派在光绪帝的大力支持下以燎原之势向全国推行变法，然而变法仅仅实施了一百零三天便突然夭亡，着实令人惋惜。多年以来，人们一直认为是由于袁世凯告密而导致慈禧太后发动政变并软禁光绪帝，致使戊戌变法失败，戊戌六君子喋血菜市口的。然而，事实是这样的吗？

维新派为什么会选择与袁世凯合谋？

1898 年 6 月 11 日，光绪帝颁布"明定国是"诏书，宣布在全国实施变法。紧接着，光绪帝一连颁布了上百道变法诏令。由于变法触及到了守旧派的既得利益，所以便遭到守旧派的强烈阻挠。

守旧派为对抗维新派，纷纷上疏慈禧太后请求诛杀康有为、梁启超等维新派人士，并跪请慈禧太后废黜光绪帝并垂帘听政。为控制大局，慈禧太后逼迫光绪帝连下三道诏书，并控制了京津地区的军政大权。

不久，京城内便开始流传慈禧太后准备发动政变，废黜光绪帝的消息。如坐针毡的光绪帝便密诏杨锐、康有为等人说："近来朕仰窥皇太后圣意，不愿将法尽变，并不欲将此辈老谬昏庸之大臣罢黜，而登用英勇通达之人令其议政，以为恐失人心。虽经朕屡次降

193

旨整饬，而且随时有几谏之事，但圣意坚定，终恐无济于事。即如
十九日之朱谕，皇太后已以为太重，故不得不徐图之，此近来实在
为难之情形也。朕亦岂不知中国积弱不振，至于阽危，皆由此辈所
误，但必欲朕一旦痛切降旨，将旧法尽变，而尽黜此辈昏庸之人，
则朕之权力实有未足。果使如此，则朕位且不能保，何况其他？今
朕问汝，可有何良策，俾旧法可以全变，将老谬昏庸之大臣尽行罢
黜，而登进英勇通达之人令其议政，使中国转危为安，化弱为强，
而又不致有拂圣意？尔等与林旭、谭嗣同、刘光第及诸同志等妥速
筹商，密缮封奏，由军机大臣代递，候朕熟思审处，再行办理。朕
实不胜十分焦急翘盼之至，特谕。"

　　光绪帝深知慈禧太后"不愿将法尽变"，也深深地感到"位且
不能保"，因此向康有为等人寻求对策。康有为等人收到密诏后，
一个个抱头失声痛哭。经过一番密商，他们决定先发制人——提前
发动政变，令袁世凯诛杀荣禄，派毕永年率兵包围颐和园并劫持慈
禧太后。

　　维新派为什么会选择让袁世凯参加政变呢？一方面是因为发动
政变需要强大的军队支持，另一方面是因为袁世凯比较亲近维新
派。当时，袁世凯正奉命在天津小站督练新军。在军事上，袁世凯
与维新派一样都主张变法，向西方学习。康有为第四次上疏时，都
察院、工部都不愿代递，袁世凯主动通过督办军务处帮助代递。维
新派在创建强学会时缺少资金，袁世凯曾"收捐金五百，加以各处
募集得千余金"。康有为认为"袁倾向我甚至"，因此多次向光绪帝
举荐袁世凯。

　　在康有为的举荐下，光绪帝将袁世凯越级提拔为二品候补侍
郎。光绪帝在召见袁世凯期间，曾向袁世凯表示："人人都说你练
的兵、办的学堂甚好，此后可与荣禄各办各事！"袁世凯原本是由

荣禄一手提拔上来的，但此时光绪帝是想告诉袁世凯，让他与荣禄划清界限，为他所用。

就在维新派密谋"围园劫后"期间，康有为对毕永年说"袁极可用，吾已得其允据矣"，还将袁世凯写给他的信拿给毕永年看。信上，袁世凯对康有为向光绪帝举荐他表示感谢，还称如果需要帮助，"赴汤蹈火，亦所不辞"。

在维新派观看光绪帝的密诏期间，袁世凯的心腹徐世昌也在场。由此可见，维新派对袁世凯是极其信任的，因此，袁世凯才会成为他们选择的最佳人选。

谭嗣同与袁世凯在法华寺里的密谋

尽管多年来康有为、梁启超对"围园劫后"一事讳莫如深，甚至矢口否认曾计划过要"围园劫后"，但近来诸多的证据足以证明维新派确实有"围园劫后"之谋。

据袁世凯所写的《戊戌日记》记载，1898 年 9 月 18 日夜，袁世凯正在法华寺的内室写奏疏，谭嗣同突然来访。谭嗣同声称与他有要事相商，于是袁世凯屏退仆人，将谭嗣同迎入内室。

谭嗣同开门见山地对袁世凯说："袁公被破格提拔，想必一定懂得知恩图报。如今皇上有大难，只有袁公才能相救啊！"

袁世凯大吃一惊，问："我们袁家世代蒙受皇恩，本来就应当竭力报答，更何况现在又受到如此重赏，不敢不肝脑涂地！只是不知道皇上如今有何大难？"

"荣禄已经向太后建议，打算废黜并杀掉皇上！袁公不知道吗？"

"我在天津与荣相交谈期间，察言观色，并没有发现他有此意，195

想必是外界的谣传吧！"

"袁公行事光明磊落，但不知道荣禄为人狡诈，表面上与袁公关系甚好，但内心多猜忌。袁公辛苦多年，中外钦佩，去年仅仅官升一级，其实是因为受到了荣禄的压制！康先生曾经多次在皇上面前举荐袁公，皇上说'听太后与荣禄常说袁世凯飞扬跋扈，不可重用'，而我也曾多次在皇上面前力保袁公，袁公此次能够高升，我们费了很大的劲！"谭嗣同话锋一转，"如果袁公诚心营救皇上，我有一计想与袁公相商！"然后，谭嗣同拿出一张纸，上面写着："荣某废立弑君，大逆不道，若不速除，上位不能保，即性命亦不能保。袁世凯初五请训，请面付朱谕一道，令其带本部兵赴津，见荣某，出朱谕宣读，立即正法。即以袁某代为直督，传谕僚属，张挂告示，布告荣某大逆罪状，即封禁电局铁路，迅速载袁某部兵入京，派一半围颐和园，一半守宫，人事可定，如不听臣策，即死在上前。"

袁世凯看完后，脸色大变，待醒悟过来后，连忙问谭嗣同说："为什么要兵围颐和园呢？"

谭嗣同解释说："不杀此老朽，国不能保！"

袁世凯认为此举不可行，但谭嗣同坚持说："我雇了数十位好汉，并在湖南召集了很多人，不日便可到达京城！至于杀太后，我自己就可以了，不用麻烦袁公！袁公只需要诛杀荣禄，包围颐和园即可！如果您不答应，我就立刻死在您面前。您的性命就在我手里，我的性命也在您的手里。今晚您必须做出决定！"

袁世凯犹豫不决，谭嗣同拿出光绪帝的密诏，再加上一番威胁，袁世凯这才勉强答应了。

《戊戌日记》是戊戌变法失败后，袁世凯向慈禧太后表露忠心的"补记"，因此不会客观地记录他与谭嗣同之间的密谈内容，但密谈的主题"围园劫后"却是史学家们公认的。

袁世凯是政变前告的密，还是政变后？

1989 年 9 月 21 日黎明，光绪帝到慈禧太后住处请安后，慈禧太后由间道进入西直门。到达西直门后，突然仓皇返回，然后直奔光绪帝居住的寝宫。

根据曾担任光绪帝起居注官十九年的恽毓鼎所著的《崇陵传信录》记载道："太后直抵上寝宫，尽括奏章携之去，召上怒诘曰：'我抚养汝二十余年，乃听小人之言谋我乎？'上战栗不发一语，良久嗫嚅曰：'我无此意。'太后唾之曰：'痴儿，今日无我，明日安有汝乎？'"

随后，慈禧太后颁布懿旨，宣称光绪帝病重，不能料理国政，自己将临朝"训政"，并将光绪帝软禁在中南海的瀛台。凡是光绪帝下达的变法诏令，一概废除。此外，慈禧太后还下懿旨说："谕军机大臣等：工部主事康有为结党营私，莠言乱政，屡经被人参奏，着革职，并其弟康广仁，均着步军统领衙门拿交刑部，按律治罪。"

从慈禧太后指责光绪帝"乃听小人之言谋我乎"以及光绪帝面对指责的表现来看，慈禧太后确实听到了关于"围园劫后"的一些风声。再从慈禧太后并未下令捉拿谭嗣同，仅仅捉拿了康有为和康广仁并给二人定的罪名是"结党营私，莠言乱政"来看，慈禧太后还不知道谭嗣同与袁世凯的密谋，因此，我们可以断定此时袁世凯并未告密。

有人认为袁世凯是在受到光绪帝接见后返回天津的当天，向荣禄告的密，荣禄又连夜派人乘坐火车将此事汇报给了慈禧太后，才

导致慈禧太后在第二天早晨突然发动政变。其实，早在 1879 年 5
月国内首条军用电报线便在天津建成。1884 年，清政府又设置了
内城电报局专事收发官电，外城电报局收发商民电报，并把自行创
建的第一条电报干线延伸经京郊通州引入京城。到了 1898 年，电
报已在全国各地普及，荣禄汇报维新派"围园劫后"一事只需要向
京城发一电报即可，为何要乘坐火车进京汇报呢？况且对于袁世凯
而言，他与守旧派的庆亲王奕劻等人关系非同寻常，如果他真想告
密，何必要等到返回天津后才告密呢？因此，此说毫无根据。

不过，袁世凯却在自己的《戊戌日记》中"坦陈"自己是在政
变之前告的密："抵津，日已落，即诣院谒荣相，略述内情，并称
皇上圣孝，实无他意，但有群小结党煽惑，谋危宗社，罪实在下，
必须保全皇上以安天下。"袁世凯说自己一回到天津，便立刻去拜
见荣禄，并将维新派"围园劫后"的阴谋告诉了荣禄。正当两个人
交谈之时，叶祖邦与佑文突然来访，两人不便继续商谈。等到半
夜，袁世凯见叶祖邦与佑文还没有离开的意思，自己只好先告辞，
约定"明早再造详谈"。荣禄之所以能够飞黄腾达，全仰仗慈禧太
后的提拔，如果慈禧太后失势，荣禄将随之失势。如此危急关头，
荣禄又岂会允许袁世凯明日再谈？由此可见，《戊戌日记》所记载
的并非是实情，不过是袁世凯为了撇清与维新派之间的关系、击碎
维新派打算联合他发动政变的传言所写。

事实上，袁世凯是在政变之后担心维新派供出自己才被迫向荣
禄告的密。

由于当时袁世凯亲近维新派并多次被光绪帝召见，导致荣禄对
其起疑，因此才会以各种理由催促他返回天津，以防发生变故。就
在政变发生之后的当天晚上，荣禄将袁世凯召入府中。袁世凯到达
时，发现"卫兵夹道罗列"，气氛异常紧张。当时荣禄向袁世凯出

示慈禧太后训政的电报，袁世凯以为维新派密谋败露，担心会祸及自身，于是"乃大哭失声，长跪不起"，并将维新派"围园劫后"的密谋和盘托出，并"跪求荣为其作主"。

袁世凯的告密触怒了慈禧太后，慈禧太后以光绪帝的名义下诏说："（维新派）包藏祸心，潜图不轨，前日竟有纠约乱党，谋围颐和园，劫制皇太后及朕躬之事，幸经觉察，立破奸谋"，然后将"戊戌六君子"在不经审判的情况下处决了。自此，戊戌变法才彻底宣告失败了！

导致慈禧发动政变的导火索到底是什么？

9月18日，也就是谭嗣同与袁世凯密谋的当天，御史杨崇伊到颐和园向慈禧太后上疏说："大同学会蛊惑士心，紊乱朝局，引用东人，深恐贻祸宗社，吁恳皇太后即日训政，以遏乱萌……风闻东洋故相伊藤博文，即日到京，将专政柄。臣虽得自传闻，然近来传闻之言，其应如响。伊藤果用，则祖宗所传之天下不啻拱手让人。"慈禧看完奏折，脸色大变，立刻召集群臣商讨对策。

事实上，以光绪帝为首的维新派与慈禧太后为首的守旧派的矛盾已经积蓄已久。慈禧垂帘听政多年，手中握有军政大权，而光绪帝临朝摄政不到一年，慈禧太后发动政变只是迟早的事，但发动政变需要找一个借口，而这个借口应当就是京城疯传但并未被她证实的维新派"围园劫后"的密谋，而实际上让她感到巨大危机的是日本前首相伊藤博文的到来。

维新派见日本通过维新运动变得极其强大，于是便邀请伊藤博文来中国帮助指导变法。9月20日，光绪帝接见完袁世凯后，便立刻接见了伊藤博文。光绪帝与伊藤博文针对变法一事，相交甚欢。这让垂帘旁听的慈禧太后大为不满。

9月21日，慈禧太后担心"祖宗所传之天下不啻拱手让人"，便发动了政变，囚禁了光绪帝。据《清廷戊戌朝变记》记载："幽禁皇上，株连新党，翻改新政，蓄此心固非一日，而借口发难，实由于伊藤之来也。"所以说，伊藤博文的到来才是导致慈禧太后发动政变的导火索。

不过，戊戌政变的第一"功臣"当属杨崇伊，如果不是他上疏，慈禧太后或许不会如此仓促地发动政变。事实上，政变之后慈禧太后也曾称赞他"是于国家有功之人"，而他也常常以功臣自居。

光绪帝是死于疾病，还是死于谋杀？

光绪帝与慈禧太后去世相差不到 22 小时，难免让人怀疑光绪帝是被慈禧太后毒杀的，近年来有医学专家通过光绪帝生前的病历推断光绪帝是死于疾病而非谋杀，但事情的真相是这样的吗？

袁世凯谋杀说

当初，光绪帝对袁世凯可谓宠信有加，但不曾想袁世凯竟然将他与维新派"围园劫后"一事向荣禄和慈禧太后和盘托出，这无疑会进一步恶化光绪帝与慈禧太后的关系，因此，光绪帝极其痛恨袁世凯。有人就认为，袁世凯因担心光绪帝重新掌权，会对他不利，所以才会毒杀光绪帝。

此外，末代皇帝溥仪曾在自传《我的前半生》中记载说："光绪在死的前一天还是好好的，只是因为用了一剂药就坏了。后来才知道这剂药是袁世凯使人送来的。"事实上，光绪帝去世时，溥仪年仅 2 岁，还不记事，这些传闻是他长大后从一位老太监的口中听到的，并不能断定就是袁世凯毒杀了光绪帝。

李莲英谋杀说

曾经担任慈禧太后御前英法文翻译工作的女官德龄在《瀛台泣

血记》中说："（李莲英）想与其待光绪掌了权来和自己算账，还不如自己先下手为好。"

德龄认为，光绪帝是被李莲英毒杀的。事实上，德龄早在光绪帝去世三年前就离开了北京，这些不过是她的猜测而已。不过，李莲英自恃深受慈禧太后的宠信，曾多次对光绪帝大不敬，担心光绪帝"掌了权来和自己算账"而毒杀光绪帝也说得过去。

慈禧太后毒杀说

因为变法一事，光绪帝被慈禧太后软禁瀛台多年，一直过着生不如死的生活，所以光绪帝非常痛恨慈禧太后。而慈禧太后又因为维新派有"围园劫后"的密谋而痛恨光绪帝。两人积怨可谓是非常之深。

光绪三十四年（公元 1908 年）年十月初十（公历 11 月 7 日），慈禧太后大寿，光绪帝带病率领百官前去贺寿，但慈禧太后拒绝接见光绪帝。据《崇陵传信录》记载："时太后病泄泻数日矣，有憸上者谓帝闻太后病，有喜色。太后怒曰：'我不能先尔死。'"

据当时为光绪帝诊治的西医屈桂庭的《诊治光绪皇帝秘记》中记载说："迫至十月十八日，余复进三海，在瀛台看光绪帝病。是日，帝忽患肚痛，在床上乱滚，向我大叫：'肚子痛的了不得！'时中医俱去，左右只余内侍一二人。盖太后亦患重病，宫廷无主，乱如散沙，帝所居地更为孤寂，无人管事。余见帝此时病状：夜不能睡，便结，心急跳，神衰，面黑，舌黄黑，而最可异者则频呼肚痛——此系与前病绝少关系者。余格于情势又不能详细检验，只可进言用暖水敷熨腹部而已。"光绪帝突然"肚痛"，屈桂庭认为"此系与前病绝少关系"，似乎有中毒的迹象。

同年十月二十一日，光绪帝驾崩。根据吏部考功司主事胡思敬的《国闻备乘》记载："德宗（光绪）先孝钦（慈禧）一日崩，天下事未有如是之巧。外间纷传李莲英与孝钦有密谋，予询问内廷人员，皆畏罪不敢言。"

人们认为慈禧太后担心自己死后，光绪帝重新掌权，一定会找她清算以前的旧账，所以慈禧太后命人毒杀了光绪帝。

死于疾病说

光绪帝一生疾病缠身，久治不愈。专家根据清宫档案所记载的光绪帝生前的病症以及服用的药方，推断光绪帝是因为身患肺结核、肝病、心脏病等病，导致心肺功能衰竭而死。

此外，1980 年，专家曾对光绪帝的尸骨进行检测，并未发现有中毒迹象。

最新证据表明：光绪帝死于砒霜中毒

头发参与人体新陈代谢，并且能够记录人体在一定时间段内摄取的某种微量元素的量。成年人的头发每个月大约长 1 厘米，根据头发不同截段的微量元素的含量，可以推断出不同时期人体摄入的微量元素的情况。

2003 年，"清光绪帝死因"专题研究课题组采用核分析法测定了光绪帝的两缕头发。结果发现，两缕头发中均含有高浓度的砷元素，并且各截段的含量都有很大差异。

砷元素在自然界中大多以硫化物和氧化物的形式存在，如雄黄（二硫化二砷）、砒霜（三氧化二砷）等。砷是人体必需的微量元素，正常人每天的摄入量约为 20 微克，一旦达到 60～200 毫克，就会致人死亡。

为证实光绪帝头发中的砷含量是否正常，课题组对同时期、同类人进行了对比。结果发现，光绪帝头发上的砷含量是与其生活环境相同的隆裕皇后（光绪帝的妻子）头发上砷含量的 261 倍，是其同时期同性别的一位成年人的 132 倍。因此，我们可以断定，光绪帝体内的砷含量并不正常。

为验证光绪帝的头发是否是因为受到外界环境污染所致，课题组对棺椁内、墓穴内以及清西陵陵区进行了检测，发现这些地方的砷含量要远远低于光绪帝头发上的砷含量。所以说，光绪帝的头发并未受到外界环境的污染。

光绪帝常年生病，并且服用大量的药物，会不会是由于慢性砷中毒导致的呢？课题组对当代慢性砷中毒患者的头发以及光绪帝的头发进行了同种方式的检测，结果发现慢性砷中毒者头发上的砷元素大量聚集在发根附近，而光绪帝头发上的砷元素却不在发根，也不在发梢，并且光绪帝头发上的砷含量是慢性砷中毒者的 66 倍。根据头发生长规律以及砷中毒机理，我们可以断定光绪帝头发上的砷并非是头发在新陈代谢期间积累的，而是由其他原因导致的。

课题组经过测试，发现砷化合物可以不通过人体内的新陈代谢而渗透到人的头发、骨骼以及其他物体里。课题组猜测，光绪帝头发上的砷可能来自光绪帝的尸体。

由于光绪帝的棺椁早已被封存，无法开棺检验。于是，课题组对光绪帝头发上的残渣物、尸骨以及衣物进行了检测。

检测结果显示，光绪帝头发上的残渣物的砷含量明显高于头发，这也证明了头发上的砷其实来自于残渣物上砷的渗透。那么，残渣物上的砷又来自何处呢？由于没有发现周围含有高浓度砷元素的物质，所以这些砷唯一的来源就是光绪帝的尸体。

既然砷可以渗透到人体内的骨骼里，如果光绪帝是因为砷中毒而死，那么，光绪帝的尸体内的砷很有可能就会渗透进尸骨内。经过课题组的检测，发现光绪帝的尸骨里确实含有大量的砷。

在检测光绪帝衣物的时候，发现由外层到内层的衣物的含砷量逐渐增高，而靠近胃部、系带和领肩部位的衣物的含砷量要比其他部位高。由此可以断定，光绪帝的胃部曾经服用过大量的砷化物，而光绪帝也正是由于服用这些砷化物中毒而死。

在尸体腐烂的过程中，胃部的砷逐渐由内向外，由近及远地扩散开来。而尸骨上的砷是由于胃肠内的砷直接渗透所致，而衣服的领肩和头发上的砷则是由于尸体腐烂的溢流渗透所致。

我们已经确定光绪帝是死于砷中毒，那么，到底是死于哪种砷化物呢？

课题组对光绪帝胃肠部位的衣物中含砷量较高的残渣进行了检测，发现主要是带有剧毒的三价砷和有毒的五价砷，还有毒性相对较小的有机砷化合物。由于砷化物在生物体内会发生变化，所以暂时还不能确定光绪帝死于哪种砷化物。课题组又通过老鼠做了一组实验，实验表明：由于砒霜（三氧化二砷）导致急性中毒而死的老鼠胃中的少量的三价砷转化成了五价砷，并且三价砷会随着时间的推移逐渐减少，而五价砷却在逐渐增多。由此可见，五价砷是由三价砷转化而来的，所以光绪帝的胃肠中三价砷的比例要远远超过现在所测量的 29.4%。因此，我们可以断定，光绪帝肠胃里的三价砷和五价砷都来于砒霜。也就是说，光绪帝是被砒霜毒死的！

到底是谁用砒霜毒杀光绪帝的呢？

从光绪帝当时的病情来看，一时半会儿是不会死亡的。而慈禧太后就在光绪帝去世的前一天，连下两道诏令，任命醇亲王载沣为摄政王，并将载沣的儿子溥仪养在宫中。实际上就是为了让溥仪继位。

溥仪想要继位，光绪帝就必须死。然而，就在溥仪进宫的第二天，光绪帝却突然驾崩了，而慈禧太后也在光绪帝驾崩的当天让溥仪继承了皇位。第三天，慈禧太后便去世了。如此完美的布局，除了慈禧太后可以做到，恐怕没有第二个人了。所以说，毒杀光绪帝的人应当就是慈禧太后。